당연한 것들의 역사

당연한 것들의 역사

황은하 지음

일상에서 시작했지만 모두의 삶을 바꾼 그것

드레북스

당연한
것들의
역 사

1쇄 발행 2025년 10월 27일

지은이 황은하
펴낸이 조일동
펴낸곳 드레북스

출판등록 제2025-000023호
주소 서울시 은평구 통일로 630 래미안 베라힐즈 203동 1102호
전화 02-356-0554 **팩스** 02-356-0552
이메일 drebooks@naver.com
인스타그램 @drebooks

인쇄 (주)프린탑
배본 최강물류

ISBN 979-11-93946-58-9 03900

- 이 책은 저작권법에 따라 보호받는 저작물이므로 무단 전재와 무단 복제를 금지하며, 이 책의 전부 또는 일부를 이용하려면 저작권자와 드레북스의 동의를 받아야 합니다.
- 책값은 뒤표지에 있습니다.
- 잘못된 책은 구입하신 서점에서 바꾸어 드립니다.

———— 일상에서 시작했지만 모두의 삶을 바꾼 그것 ————

프롤로그

'나는 왜 이렇게 늦게 태어나서 새롭게 탐구해야 할 주제가 없는 걸까?'

　대학생 시절, 졸업논문을 쓰기 위해 주제를 찾으며 늘 하던 생각이다. 일개 학부생의 졸업논문이지만, 너무 많이 연구되어 내용이 뻔하게 전개될 논문은 쓰고 싶지 않았다. 논의된 적이 없는 참신한 주제이면서 탐구할 만큼 자료가 있는 주제를 찾고 싶었다. 하지만 그 과정에서 앞선 인류가 너무나 많은 연구를 완벽하게 해냈다는 사실에 절망감을 느꼈다. 인류는 끊임없이 탐구하고 연구한 결과물을 뒷세대에게 전달하면서 발전해왔다고 하지만, 뒷세대로서는 앞선 세대의 것보다 나은 것을 만들어낸다는 것이 여간한 일이 아니고 부담스럽기까지 하다.

이 책 《당연한 것들의 역사》를 들어서며 대학생 시절을 꺼내 놓는 것은 나보다 더 늦게 태어난, 내가 가르치는 학생들도 살아가면서 얼마든지 나와 같은 생각을 할 것이기 때문이다. 윗세대들이 해낸 것이 대단하고 완벽해서 자신이 무엇을 해낼 수 있을지, 더 연구하고 찾아내야 할 것이 과연 있기는 한지 무력감과 절망감을 느낄 수 있다. 하지만 세상은 들여다볼수록 무궁무진하다. 이 책을 쓰면서 내 생각 역시 그랬다.

　　지난 2년간 《조선일보》에 일상에서 자주 접하는 사물이나 개념의 기원을 탐구하는 글을 연재하면서 우리가 자주 쓰는 물건이나 개념이 우연히 나온 것이 아니라 무수한 시행착오 끝에 만들어졌음을 깨달았다. 그것들은 이 세상이 생겨났을 때부터 당연하게 존재한 것이 아니고, 처음부터 당연하게 만들어진 것도 없다. 이 말은 관점을 살짝 바꾸고 달리 보기를 시도한다면 그것이 무엇이든 새롭고 모두에게 필요한 것을 만들어낼 수 있다는 의미다. 이 책으로 당연하게 생각했던 사물과 개념들의 역사를 만나는 독자들에게 이 메시지를 건네주고 싶다.

　　이 책은 밥상에서 흔히 만나는 음식과 가볍게 먹는 몇 가지 식사와 간식의 기원을, 그리고 우리 몸을 가꾸기 위한 도구들이 어떤 계기로 시작되었는지 다루었다. 아울러 너무나 당연해서 존재감조차 느껴지지 않는, 우리 일상 곳곳에 숨어 있는 도구들을 들여다본다. 집에 흔히 있는 가전제품, 학생부터 직장인까지 자주 사용하는 용품, 교통수단, 활력을 주는 기호 식품의 기원을 탐구한다. 그리고 건강한 삶을 지켜주는 것, 즐거운 삶을 위한 것들, 자산과 금융에 관련해 당연하지만 당연하지 않은 역사를 찾아간다.

  호기심 많고 잡다한 지식을 좋아해서 친구들과 가족에게 이야기를 풀어내던 내게 글로써 탐구하고 책을 쓸 기회를 준 출판사에 감사드린다. 꾸준히 글을 쓰는 일이 쉽지 않은 과업이었지만, 인내심 있게 기다려주고 방향을 제시해줘 더욱 감사드린다. 내게 글을 써볼 것을 제안해준 소중한 후배 은우와 연재를 계속할 수 있게 도와주는 조선일보 기자님들에게도 감사함을 전한다. 마지막으로 글을 쓰는 역사 교사라는 꿈을 이룰 수 있게 응원해주고 지원해준 가족과, 포기하고 싶을 때 항상 따뜻하게 지지해준 남편 지윤이에게도 고마운 마음을 전하고 싶다.

● 차례

프롤로그

1 몸 ; 우리가 먹고 즐기는 동안

샌드위치	빵으로 만드는 다른 즐거움	015
요거트	목동이 마시던 우유가 발효해	021
바게트	겉은 파삭하고 속은 부드러운	025
도시락	휴대용 음식에서 취향 메뉴로	028
김치	소금에 절이니 겨우내 반찬 되네	035
칫솔·치약	치아 건강과 하얀 이를 위하여	039
가발	햇빛 차단에서 신분의 상징으로	044
다이어트	이상적인 몸을 위한 욕망	047
러닝머신	형벌 도구에서 운동 기구로	051
배드민턴	인도의 놀이에서 귀폭 게임으로	054
백화점	소비 궁전, 동경과 행복을 팔다	057
다이아몬드	불멸의 가치를 향한 욕망	061
트렌치코트	전장에서 시작한 모두의 패션	064

2 일상 ; 세상을 편하고 자유롭게

텔레비전	거실에는 늘 그것이 있다	069
냉장고	얼음을 집안에 들일 수 없을까	073
세탁기	가사노동을 줄여준 해결사	077
키보드·마우스	컴퓨터와 함께하는 친구	082
연필·지우개	세상을 쓰고 지우는 것	088
포스트잇	다르게 보면 역사가 바뀐다	094
포스기·바코드	상거래와 물류의 혁신적 해결책	098
도어록	고대부터 사용한 보안의 역사	103
면도기·쉐이빙 폼	전쟁 때문에 대박 난 필수품	108
자전거	자유롭고 편리한 두 바퀴	115
지하철	땅속으로 달리는 철도	123
운전면허	차를 운전할 자격이 있습니까	131
공항	우리의 설렘은 그들 덕분이다	134
커피	전 세계를 사로잡은 한 잔	137
담배	만병통치약에서 만성질환으로	143
눈싸움	함박눈 내리는 날만 기다려	147
해충	황충으로부터 나라를 구하라	150
마스코트	기억에 오래 남는 상징물	154
보통선거	한 표의 자유와 평등을 위하여	158

3 삶 ; 당연하지만 당연하지 않은

주사기	약물을 정밀하게 주입할 때	163
항생제	미생물이 바꾼 위대한 역사	168
청진기	아이들 장난에서 찾은 의학 혁신	173
성냥	불을 품은 작은 막대기의 역사	178
불꽃놀이	귀신 쫓던 놀이에서 축제로	181
돔	천국을 상징하는 둥근 지붕	184
LP	복고풍 열풍으로 되살아난 감성	187
스트라이크존	프로야구, 로봇이 심판하다	190
크리스마스 마켓	크리스마스를 기다리는 사람들	194
피서	왕들은 어디서 여름을 보냈을까	197
보험	삶과 재산, 생명을 위한 선택	200
관세	경제적 패권과 갈등의 역사	204
기축통화	달러가 세계 화폐가 된 이유	211
무역 제한	한 조각도 바다에 띄우지 마라	215
만찬·연회	맛과 흥겨움 뒤의 역사	219
탈	가면에 깃들어 흐르는 마음	222
용병	세계를 좌우했던 무장세력	225
국군의 날	10월 1일, 그날의 기억들	228
셰르파	에베레스트 등정의 산역사	231

에필로그

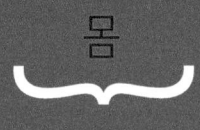

우리가 먹고 즐기는 동안

샌드위치
　　　　도시락
요거트
바게트
김치
칫솔·치약
가발
　　다이어트
러닝머신
배드민턴
백화점
다이아몬드
　　트렌치코트

빵으로 만드는 다른 즐거움

샌드위치

 최근 키토제닉 식단, 저탄수화물 식단, 저속노화 식단처럼 건강한 음식이 유행하는 만큼 패스트푸드에서도 소비자가 원하는 신선한 채소를 가득 넣어 주는 브랜드 서브웨이가 인기를 얻고 있다. 샌드위치 패스트푸드 브랜드인 서브웨이는 커스터마이징이 가능하며 신선한 식이섬유와 단백질류를 한 끼 식사로 든든하게 먹을 수 있다는 장점이 있다. 이에 따라 햄버거 위주의 패스트푸드류 중에서도 샌드위치가 존재감을 보이고 있다.

 건강을 생각하는 사람들에게 샌드위치는 간단하면서도 탄수화물과 식이섬유, 단백질 등 한 끼 영양을 모두 갖출 수 있는 좋은 음식이다. 샌드위치는 채소, 달걀, 고기, 햄 등 다양한 내용물과 잘 어울리는 소스를 뿌려 빵과 빵 사이에 넣어 먹는 음식이다. 샌드위치라는 이름의 유래는 널리 알려진 바와 같이 18세기 중반 영국의 귀족인 샌드위치 가문의 한 백작이 카드 게임 중에도 식사를 할 수 있도록 부탁한 것이었다. 그러나 빵 사이에 내용물을 끼워 먹는 형태는 빵을 주식으로 하는 지역들에서 오랜 전통으로 이어져 내려왔다.

샌드위치에 관한 가장 오래된 기록은 유대교 경전 《하가다》에 있다. 이 경전에 따르면 기원전 1세기경 예루살렘에 살던 유대교 랍비 힐렐은 유월절에 양고기와 나물을 무교병이라고 불리는 유대인들의 납작한 빵인 마차 두 조각 사이에 싸서 먹었다고 한다. 이후 유대교에서는 유월절이 시작되는 의식인 세데르 축제 때 마차 샌드위치를 먹는 것이 전통이 되었다.

유대인들의 마차가 발효하지 않은 납작한 빵이라면, 이슬람 사람들이 먹던 납작하고 동그란 빵 피타는 발효된 빵이다. 피타는 납작하지만 내부가 부풀어 있어 공간이 존재했는데, 근래에는 빵 내부 공간을 주머니가 나뉘듯이 구워 주머니빵이라고도 불린다. 이 피타 브레드를 먹는 방법은 마치 케밥처럼 고기나 채소를 납작한 빵 위에 올려 돌돌 싸서 먹을 수 있고, 근래에는 빵 내부에 주머니처럼 비어 있는 공간에 내용물을 넣어 샌드위치처럼 먹을 수 있다.

중세 유럽에는 트렌처라는 빵이 있었다. 현재는 접시를 의미하지만, 과거에는 평평한 원형 빵 위에 음식과 소스를 뿌려 식사를 즐기다가 음식을 담던 빵까지 먹어 치우는 형식이었다. 트랜처는 앞서 소개한 음식들처럼 내용물을 감싸는 형태는 아니었지만, 음식물과 소스가 베어 있는 빵을 먹는다는 점이 샌드위치와 유사했다.

이렇듯 빵이 내용물을 한 번에 먹을 수 있게 감싸거나, 접시처럼 받쳐주는 식문화가 각지에 오랫동안 있었기 때문에 18세기의 샌드위치 백작도 고기와 채소 등을 빵 사이에 끼워 먹는다는 생각을 한 것이다. 샌드위치 백작이 카드 게임 중에도 집중력을 유지하며 먹을 수 있었던 18세기의 샌드위치는 빵 사이에 고기와 채소를 섞어 넣은 것이다. 그러나 현재의 샌드위치와 같은 모습이라고 생각하면 안 된다. 샌드위치 백작이 활동했던 시기에는 크고 동그란 모양의 사워 도우 형태의 빵을 주로 먹었고, 현대 샌드위치에 자주 쓰이는 네모난 식빵은 19세기 후반에야 등장했기 때문이다.

네모난 식빵을 발명한 사람은 미국에서 침대 기차를 발명한 엔지니어이자 사업가 조지 풀먼이다. 그는 기차 내의 한정된 공간을 효율적으로 쓰고자 했다. 그래서 당시 대부분 동그란 모양이던 빵을 네모 모양으로 만들자는 아이디어를 냈고, 뚜껑을 덮은 네모난 틀에 빵 반죽을 넣어 구웠다. 이 방식으로 구워낸 네모난 빵은 동그란 빵을 3개 보관할 수 있는 공간에 4개의 네모난 빵을 보관하면서 공간의 효율성을 극대화했다. 또한 이 빵은 틀 안에서 구워지다 보니 빵의 딱딱한 겉껍질이 적어 보드라운 빵 속살을 더 즐길 수 있었다. 이렇게 풀먼의 침대 객차에서 서빙되던 네모난 빵은 풀먼 로프라는 이름으로 널리 알려졌다.

  샌드위치를 만들 때, 기존의 동그란 사워 도우를 잘라 만드는 것보다는 풀먼 로프처럼 네모난 식빵으로 만드는 것이 더욱 적합했다. 동그란 사워 도우를 자르면 모든 빵 조각의 크기가 달라 샌드위치 재료를 안정적으로 포용할 수 없었고, 빵의 껍질이 두꺼워 한입에 베어 물기 어려울 때도 있었기 때문이다. 그러나 풀먼 로프는 빵 조각들의 크기가 똑같아 샌드위치의 재료들을 안정적으로 받쳐주었고, 빵의 껍질 부분까지 부드러워 먹는 데 편했다.

  풀먼 로프가 샌드위치용 빵으로 자리를 잡은 것은 1928년 미국에서 발명된 자동 빵 슬라이서 덕분이다. 미국에서 보석상을 하던 오토 로웨더는 실생활에 도움이 될 발명품을 만들고 싶다는 꿈이 있었다. 그는 어떤 발명품을 만들지 고민하다가 빵에 주목했다. 당시 빵집에서는 커다란 빵을 그대로 사람들에게 판매했고, 가정의 주부들은 빵을 사 와서 잘라 식탁에 내놓았다. 오토 로웨더는 빵집에서부터 빵을 잘라 주면 사람들이 더 많이 빵을 살 것이라는 생각에 1912년부터 빵을 자르는 기계를 만들고자 했다. 여러 우여곡절 끝에 1928년에 빵을 자르고 자동으로 포장해 주는 기계를 만들어낸 그는 제빵사인 친구에게 기계를 가져가서 사용해보자고 했고, 그렇게 처음으로 슬라이스 된 빵을 출시했다.

  소비자들은 균일한 두께로 깔끔하게 썰린 빵에 호응했고, 1933

년에는 슬라이스 된 빵의 생산량이 보통 빵을 추월하기도 했다. 슬라이스 빵의 유행으로 사람들이 샌드위치와 토스트를 만들어 먹는 것이 더욱 간편해졌고, 심지어 토스트 기계의 유행까지 이어지기도 했다.

이런 과정을 거쳐 지금의 모습이 된 샌드위치는 속재료를 어떤 것을 넣느냐에 따라 다양한 메뉴 개발이 가능하다. 그중 가장 유명한 샌드위치 메뉴인 클럽 샌드위치는 빵 3개를 이용한 샌드위치다. 빵 3개를 쓰기 때문에 재료를 넣을 공간으로 2개의 층이 생기는데, 여기에 고기, 토마토, 상추, 마요네즈 등 다양한 속재료를 채우는 음식이다.

클럽 샌드위치라는 메뉴명이 언급된 가장 오래된 기사는 1889년에 뉴욕의 한 신문에 '유니언 클럽 샌드위치를 드셔보셨나요?'라는 기사다. 기사 내용에 따르면 유니언 클럽에서 판매하는 샌드위치에는 빵과 칠면조 혹은 닭고기와 햄이 들어 있다. 이 샌드위치는 혼자 다 먹기도 하지만, 3~4등분해서 긴 스틱으로 고정되어 있어 클럽에서 파티를 즐기는 사람들이 한 조각씩 집어 먹기도 하다. 정리하자면 클럽 샌드위치라는 메뉴의 명칭은 뉴욕에 있던 유니언 클럽에서 판매하는 샌드위치가 맛있기로 유명해지면서 붙은 것이다.

BLT 샌드위치도 샌드위치의 주요 메뉴인데, 베이컨과 양상추, 토마토가 들어간 샌드위치라는 뜻이다. 사실 그동안의 샌드위치에는 토마토나 양상추, 베이컨이 들어갔지만, 특정한 메뉴로서 세 재료가 고정된 적은 없다. 1950년대의 여러 레시피 책에도 샌드위치에 베이컨, 토마토, 양상추, 드레싱, 피클 등을 넣는다는 언급이 있지만 BLT라고 메뉴명을 정하지는 않았다. BLT라는 명칭은 1970년대 미국의 한 연극에서 '베이컨, 상추, 토마토, 샌드위치'를 언급하는 대사가 유행하며 샌드위치의 메뉴명으로도 정착되었을 것이다.

  우리나라에서는 한식의 특색을 살려 불고기와 치즈를 넣은 샌드위치, 간단하면서도 프랑스인들의 식재료를 살린 잠봉뵈르 샌드위치, 폭신한 흰 식빵 사이에 신선한 과일과 부드럽고 달콤한 크림을 듬뿍 넣은 일본의 크림산도를 비롯해 샌드위치의 발전은 계속되고 있다. 샌드위치는 가장 간단하면서도 다양한 식재료를 포용하며 무궁무진하게 변화할 수 있는, 우리 곁의 친근한 음식이다.

목동이 마시던 우유가 발효해
요거트

  우리나라 MZ세대들이 좋아하는 음식으로 마라탕, 탕후루에 이어 요거트 아이스크림이 새롭게 등장했다. 요거트 아이스크림에 벌꿀, 과일, 시리얼, 과자 등을 토핑해서 먹는데, 보기에도 예쁘고 건강한 간식에 속하는 요거트에 자신이 원하는 토핑을 올려 먹으며 건강도 챙길 수 있다는 점에서 직장인뿐만 아니라 학생들 사이에서도 계속해서 유행하고 있다.

  요거트는 아이스크림으로 크게 유행하기 전에도 우리 일상에서 자주 접하는 건강 간식이었다. 요거트는 우유가 발효되며 만들어진 유산균으로 인한 시큼하고 걸쭉한 형태의 음료다. 우리가 주로 먹는 요거트는 소의 젖인 우유로 만들어지지만, 어떤 지역에서는 물소, 염소, 낙타, 산양 등 다양한 동물의 젖을 이용해 만들기도 한다.

  요거트의 기원은 정확하지는 않지만, 기원전 5천 년경 메소포타미아 지역에서 목동들로부터 만들어졌을 것으로 추정된다. 목동들이 동물의 위장관으로 만든 자루에 우유를 담아 가지고 다니며 마셨는데, 더운 날씨와 위장관 자루에 있던 세균에 의해 우유가 발효되면서 우리가 알고 있는 요거트처럼 변했다. 이렇게 변한 우유는 시큼하지만 맛도 좋고 장기간 보관도 가능했기 때문에 사람들이 즐겨 마셨다. 이외에도 고대 인도에서는 발효된 유제품을 먹는 것이 건강에 좋다고 기록되어 있고, 칭기즈칸이 이끌던 몽골 병사들도 요거트를 먹었다. 또한 고대 그리스의 철학자이자 의학자 갈레우스는 요거트 형태인 옥시갈라라는 음식을 꿀과 함께 먹었다.

  고대로부터 발효된 우유는 세계 곳곳에서 먹었다. '응고하다', '걸쭉해지다'의 뜻을 지닌 튀르키예어 요우르마크(yogurmak)에서 요거트라는 명칭이 유래했듯 튀르키예인들은 요거트의 의학적 효능을 오래전부터 알고 있었다. 이들은 설사, 각종 질병, 화상을 치료하기 위해 요거트를 사용했다. 1542년 프랑스의 왕 프랑수아 1세가 낫지 않는 설사로 고통받았을 때, 튀르키예 계통의 국가였던 오스만제국의 술탄 슐레이만 1세가 보낸 의사가 요거트를 처방해 오랜 설사병을 고쳤다는 일화도 전해진다.

  요거트가 건강에 좋다고는 하지만, 구체적으로 왜 좋은지 과학적으로 밝혀진 것은 생각보다 최근이다. 러시아의 과학자 일리야 메치니코프는 노화에 관해 연구하던 중 불가리아 지방의 노인들이 100세가 넘도록 장수하는 이유에 주목했다. 메치니코프가 밝혀낸 장수의 비법은 유산균 음료였다. 1907년 메치니코프가 발표한 〈생명 연장〉이라는 논문에서 인간의 장 속에 소화되지 않은 음식물과 배출되지 못한 숙변들이 독이 되어 수명을 단축시키고 노화를 일으키지만, 불가리아 지역의 노인들은 장내 독소들을 쫓아내는 유산균이 포함된 요거트를 마시기 때문에 장수할 수 있다고 설명했다. 메치니코프의 발표를 통해 세계 각지의 사람들은 유산균이 풍부한 요거트를 건강을 위해 즐기게 되었다.

세계 곳곳에는 특색 있는 전통 요거트들이 있다. 먼저, 동유럽에는 소금을 넣은 전통 요거트 '아이란'이 있다. 아이란은 요거트에 물과 소금을 섞어 만든 음료로 상쾌하고 짭짤한 맛이 난다. 아이란은 튀르키예, 아제르바이잔, 이란 등 동유럽과 중동 지역 전체에서 만날 수 있다. 기호에 따라 허브나 후추를 뿌려 먹기도 하고, 가정에서도 손쉽게 만들어 마시는 대중적인 음료다.

인도의 '라씨'도 대표적인 요거트 음료다. 최근에는 라씨를 달콤하게 먹지만, 원래는 인도식 요거트인 '다히'에 물이나 우유를 넣어 묽게 만든 후 소금과 커민을 넣어 마시는 것이 전통 라씨를 만드는 방법이다. 최근에는 설탕이나 망고, 바나나 등을 함께 갈아 달콤하게 먹는다. 이런 달콤한 라씨는 우리나라에서도 인도 전통 음식점에 가면 쉽게 접할 수 있다.

마지막으로, 그리스의 전통 요거트인 '그릭요거트'는 그리스를 비롯한 지중해 연안 지역에서 첨가물 없이 전통 방식으로 만들어 먹던 요거트다. 일반 요거트와 달리 발효된 우유를 면포에 싸서 유청과 분리해 만들기 때문에 수분이 제거되어 질감이 단단하고 우유의 맛이 진하다. 단백질과 칼슘이 일반 요거트에 비해 2, 3배 높아 건강에도 좋고, 식단을 관리하는 사람들에게 사랑받는 요거트다.

겉은 파삭하고 속은 부드러운
바게트

 프랑스의 대표적인 빵은 바게트다. 미식의 나라로 유명한 프랑스에서 바게트는 우리의 쌀밥과 같은 주식으로 여겨진다. 한 해에 무려 60억 개의 바게트가 프랑스인의 식탁에 오른다. 이처럼 꾸준하게 사랑받는 바게트는 프랑스에서 기념 우표의 주인공이 되기도 했다. 지난 2024년 제빵사들의 수호성인인 성 오노레의 축일 5월 16일을 기념해 만든 우표에는 바게트가 그려져 있다. 게다가 냄새를 포함한 미세 캡슐이 담긴 특수 잉크를 사용해 바게트 우표를 문지르면 갓 구운 빵 냄새도 난다.

 우표에 빵 냄새를 담을 정도로 프랑스인들의 바게트 사랑은 특별하다. 프랑스의 주식인 바게트는 프랑스의 법에 따라 정해진 재료로만 만들어야 한다. 밀가루, 물, 이스트, 소금만 이용해 만들어야 하며, 가늘고 길쭉한 몽둥이 모양에 반죽 표면에는 사선으로 금이 그어져 있다. 짙은 색깔인 바게트의 겉면은 딱딱하다고 느껴질 정도로 파삭파삭하지만 하얀 속은 매우 폭신하고 부드럽다. 바게트는 사선으로 썰어 파스타나 수프에 찍어 먹거나 반으로 잘라 샌드위치를 만들어 먹기도 한다. 바게트 안에 얇게 저민 햄과 버터를 채워 넣은 잠봉뵈르 샌드위치는 대표적인 바게트 샌드위치로 우리나라에서도 큰 인기를 끌고 있다.

바게트의 기원에 대해서는 여러 가지 추측이 있다. 19세기 초반 나폴레옹이 활약한 때, 병사들이 행군하면서 빵을 바지 주머니에 넣고 걸을 수 있도록 얇고 길쭉한 모양의 빵을 고안했는데, 이것이 바게트의 기원이라는 주장이 있다. 또한 바게트라는 말이 쓰이기 시작한 1920년대에 프랑스 노동법과 관련되어 바게트가 기원했다는 이야기도 있다. 1920년 프랑스에서는 제빵사들의 고된 노동을 방지하기 위해 밤 10시부터 새벽 4시까지 일하는 것을 금지하는 노동법을 시행했다. 제빵사들은 사람들이 아침 식사를 할 때에 맞춰 커다랗고 둥근 모양의 빵을 만들기 위해 밤샘 노동을 했지만, 노동법이 시행된 이후에는 기존의 빵을 아침 시간이 되기 전에 구워낼 수 없었다. 그래서 제빵사들은 빵을 굽는 시간을 단축하기 위해 빵 모양을 점점 가늘고 길게 만들었다고 한다. 이렇게 만든 빵은 '막대기'라는 뜻의 바게트(baguette)로 불렸다.

베트남에도 바게트와 비슷한 모양의 빵이 있다. 이 빵은 주로 샌드위치로 만들어지며 '반미'라는 이름으로 불리는데, 반미 역시 바게트에서 유래했다. 19세기 후반부터 프랑스가 베트남을 식민 지배하던 시기에 프랑스의 식문화가 베트남으로 전파되어 탄생한 것이다.

반미와 바게트의 다른 점은 재료다. 베트남에서는 밀보다 쌀이 주로 생산되기 때문에 바게트를 만들 때 쌀가루를 혼합해서 만들었다. 쌀가루가 포함되어 바게트보다는 덜 딱딱하고 폭신한 식감이 특징이다. 이 빵은 원래 '외국의 빵'이라는 뜻으로 '반떠이'라고 불렸지만, 베트남 사람들의 일상 속 식문화로 자리 잡으며 '반미'라는 이름으로 불렸다. 따라서 반미는 프랑스식 빵에 베트남 사람들이 좋아하는 채소, 소스, 고수와 같은 향신료, 고기 등을 넣어 만든 퓨전 음식이라고 볼 수 있다. 반미는 베트남이 프랑스의 식민지였던 시절을 상징하는 음식이지만, 현재는 베트남 사람들의 든든한 아침 식사이자 즐겨 먹는 간식으로 사랑받고 있다.

휴대용 음식에서 취향 메뉴로

도시락

  4교시 수업을 들어갈 때는 평소보다 더 긴장한다. 수업 내용이 조금이라도 길어져 종료하는 종이 울리기 전에 수업을 끝마치지 못하면 학생들에게 엄청난 원성을 듣기 때문이다. 열심히 공부하던 학생들도 4교시 수업이 끝나기 5분 전이면 점점 문 쪽을 바라보며 마음은 이미 급식실에 가 있다. 이런 모습을 보면 학교에서 먹는 맛있는 급식이 학교생활에 큰 기쁨인 것 같다.

  학생들은 국가에서 친환경 유기농 건강 급식을 무료로 제공하기 때문에 걱정 없지만, 직장인들은 외식 물가가 점점 올라 점심 해결에 고민이 많다. 통계청에 따르면 최근 5년간 외식 물가가 25퍼센트 올랐는데, 값싼 점심 메뉴인 김밥은 38퍼센트, 햄버거는 35퍼센트, 짜장면은 34퍼센트나 가격이 상승했다. 점점 높아지는 외식 물가 때문에 직장인 평균 점심 지출액은 9,500원에 달한다. 그래서 최근에는 런치플레이션이라는 신조어도 생겼는데, 부담스러운 점심값을 감당하기 위해 일부 직장인은 집에서 도시락을 싸 오거나, 편의점에서 도시락을 사 먹거나, 정기 배송형 도시락 서비스를 이용하기도 한다.

도시락 메뉴가 오후의 동력이 되는 만큼 과거 사람들의 도시락 메뉴는 무엇이었을까? 신라의 5~6세기 초 무덤인 천마총에는 나무로 만든 목제 찬합인 찬합칠기가 부장품으로 들어 있다. 찬합은 여러 층의 그릇이 포개진 형태의 도시락통으로, 음식을 담아야 해서 방수, 방충, 그리고 음식의 부패를 방지하기 위해 옻칠이 되어 있다. 이런 찬합은 높은 신분인 귀족이나 왕족이 연회 때 야외에서 음식을 즐기기 위해 사용되었다. 평민은 어떤 도시락을 즐겼는지는 발견된 기록이나 유물이 없어 정확하게 알 수 없지만, 천마총의 찬합칠기를 통해 우리 민족이 고대로부터 도시락을 즐겼다는 것을 알 수 있다.

도시락 형태의 식사는 서양보다는 동양에서 주로 발달했는데, 이는 식사 형태의 차이와 관련된다. 밥을 주식으로 하는 동양의 경우 반찬으로 채소 절임, 발효된 음식, 국 등 다채로운 식생활을 하는 데 반해 빵을 주식으로 하는 서양의 경우 수프, 샐러드, 고기, 치즈와 같은 유제품 등을 최대한 단품 형태로 함께 먹는다. 그래서 집 밖에서 식사하는 경우 동양은 조리된 밥과 반찬을 함께 챙겨야 했고, 서양은 빵과 치즈, 과일, 채소 정도만 간단히 챙기면 되었다. 특히 빵은 밥에 비해 건조하고 형태가 잘 유지되어 헝겊에만 싸도 상하지 않게 휴대할 수 있었다. 이런 이유로 도시락은 서양보다는 동양에서 더욱 정교하게 발달했다.

조선시대에 농민들이 먹은 도시락은 김홍도의 그림 〈새참〉을 통해 엿볼 수 있다. 새참은 육체노동을 많이 하는 사람들이나 농사가 한창 바쁠 때의 농부들이 일 중에 먹는 음식이다. 새참은 주로 아침과 점심 사이인 오전 10시나 점심과 저녁 사이인 오후 4시쯤에 먹는데, 해가 뜨거운 때를 피해 바쁜 농사일을 마쳐야 해서 일반적으로 일터에서 먹는다. 그래서 새벽에 일하러 나갈 때 새참을 챙겨 가거나, 아내가 집에서 준비해서 소쿠리에 담아 새참 시간에 맞춰 가져다 주는 것이 일반적이다. 김홍도의 그림을 보면 젖먹이 아기를 안은 아내가 소쿠리에 밥, 젓갈, 막걸리를 챙겨 온 것을 장정 6명이 바닥에 앉아 즐거운 표정으로 챙겨 먹고 있다. 특히 커다란 막걸리 사발이 눈에 띄는데, 더운 날 농사일 중에 마시는 막걸리로 힘듦을 씻어내는 것이다. 새참의 메뉴는 밥과 젓갈 외에도 국수, 나물, 상추쌈 등으로도 구성된다.

김홍도의 풍속화 속의 새참은 집에서 먹는 음식을 바깥으로 가져와서 먹는 모습으로 다 같이 나누어 먹고 있는데, 사실 도시락은 친구들과 한입씩 주고받기는 하지만 주로 혼자 먹을 만큼의 양을 혼자 먹는다. 어릴 적 소풍 갈 때 대표 도시락 메뉴인 김밥은 어떻게 시작했을까? 김은 조선 전기에 무역품으로 거래될 만큼 품질이 우수한 우리나라 특산물이었는데, 조선 후기 순조 때 학자 홍석모가 1년간의 조선 풍속을 서술한 《동국세시기》는 정월대보름에 김에 밥을 싸 먹는 복쌈 풍습을 소개했다.

  김에 밥을 싸 먹던 방식에서 김 속에 여러 재료를 넣고 말아 먹는 것으로 바뀌게 된 것은 일제강점기부터다. 김밥이라는 명칭이 기록된 가장 오래된 자료는 1935년 《동아일보》에 실린 한 글이다. 제주도가 얼마나 멋있는 섬인지 자랑하는 글로, 내용 중 "문어와 전복에 김밥을 싸 먹고"라는 부분이 있다. 이를 통해 당시 김밥이라는 음식이 있었고, 제주도에서는 김밥에 문어와 전복을 넣었다는 것을 알 수 있다. 내용물이 없는 복쌈과 달리 내용물을 넣는 김밥은 일본 음식 중 식초로 간을 한 밥을 김에 깔아 회, 어묵 등 내용물을 넣어 말아 먹는 형태의 음식인 노리마키에서 영향을 받아 만들어졌다. 다만 우리나라의 김밥은 밥에 식초가 아닌 소금과 참기름으로 간을 하고, 채소를 넣어 한국적인 맛을 냈다.

  한 줄의 김밥에 밥과 반찬이 모두 담겨 있어서 김밥은 간편하게 끼니를 챙기기 좋은 도시락이지만 잘 상한다는 단점이 있다. 그래서 뱃일을 많이 해시 제때 끼니를 챙기기 어려운 통영 사람들은 뱃일하는 동안에도 상하지 않는 김밥을 만들었는데, 그것이 충무김밥이다. 통영의 옛 지명을 따라 충무김밥이라고 불리는 이 음식은 김에 밥만 싸고, 반찬은 잘 상하지 않는 무김치와 오징어 혹은 어묵을 빨간 양념에 무쳐 함께 먹는 것으로, 뱃사람들뿐만 아니라 통영과 부산을 왕래하는 여객선에서 여행객들도 즐기는 향토 음식이 되었다.

충무김밥처럼 일본에서도 상하기 쉬운 생선을 상하지 않게 도시락으로 만들어 먹기 위해 발전한 음식이 있는데, 지금까지도 사랑받는 스시다. 생선과 밥으로 만드는 스시는 8세기 나라 시대의 일부 지역에서 시작되었는데, 당시에는 상하기 쉬운 붕어를 소금에 절이고, 내장을 제거한 붕어의 속에 밥을 채웠다. 밥은 먹기 위한 것이 아니라 붕어를 발효시키기 위한 것이라서 먹을 때 밥은 덜어내고 붕어만 먹는다. 이 음식은 냄새가 아주 강했고, 생선을 오래 두고 먹기 위해 밥을 이용한 것이다. 12세기 이후인 가마쿠라 시대와 무로마치 시대에는 현재의 고등어 봉초밥과 같이 생긴 스시를 먹었는데, 밥과 소금에 절인 생선을 발효시킨 후 함께 먹었다.

16세기가 되어서야 발효 대신 밥과 생선에 식초를 뿌려 상하는 것을 막았는데, 썬 생선 살을 식초를 뿌린 밥에 얹어 누르는 방식이라 '누르다'라는 뜻의 오시와 스시를 합쳐 '오시 스시'라고 불렸다. 이런 형태의 스시는 신선한 생선이 많은 도쿄 지역에서 현재와 비슷하게 손으로 밥을 쥐어 그 위에 생선을 올려, '손으로 쥐다'라는 니기리와 스시를 합친 니기리 스시로 발전했다. 그러던 중 1923년 관동 대지진으로 도쿄의 스시 장인들이 고향으로 되돌아가며 니기리 스시가 전국으로 퍼져 현재까지도 일본을 대표하는 음식으로 여겨진다.

지금의 편의점 도시락처럼 네모난 통에 반찬이 칸칸이 나뉘어 구성된 형태의 도시락도 일본에서 시작했는데, 공연 중 휴식 시간에 도시락을 먹던 것에서 비롯된 마쿠노우치 도시락이 그 기원이다. 에도 시대에는 가무극인 노와 가부키 공연이 유행했는데, 공연의 인기가 대단한 만큼 공연 시간이 5~9시간 정도로 길기로 유명했다. 그래서 공연 배우와 스태프가 공연 장막 안쪽에서 막간을 이용해 도시락으로 식사했는데, 긴 공연 시간에 배고프던 관객들에게도 도시락을 판매하며 '공연 사이'라는 뜻의 마쿠노우치 도시락이 탄생했다. 이 도시락은 쌀밥에 고기 또는 생선류, 매실장아찌, 달걀처럼 일본인들이 좋아하는 반찬으로 이루어져 있다.

　마쿠노우치 도시락은 1889년에 기차역에서 파는 도시락인 에키벤의 형태로 극장 밖에서도 판매되었는데, 기차에서 먹는 도시락은 그 용기를 버려야 해서 일회용으로 쓰고 버릴 수 있는 일회용 벤토, 즉 편리하게 1인분씩 휴대할 수 있는 도시락 용기가 사용되었고, 지금까지도 일본은 역마다 특색 있는 에키벤, 즉 철도 도시락을 판매하고 있다.

　우리나라 학생들도 학교 급식이 시행되기 전에는 마쿠노우치 도시락처럼 네모난 통에 밥과 반찬을 싸서 다녔는데, 쌀의 수급에 따라 도시락 속의 메뉴를 간섭받기도 했다. 일제강점기 때 한반도와 일본의 쌀 부족 문제를 해결하기 위해 산미증식계획까지 시행했던 조선총독부는 쌀 소비를 줄이자는 절미운동을 주도하며, 학교에 다니는 학생들이 도시락에 잡곡을 섞었는지 검사까지 했다.

  1950년대에는 한국전쟁의 여파로 곡물 가격이 급등해 굶는 사람이 늘어나자 쌀을 원료로 하는 술, 떡, 과자 등의 제조를 금지하는 절미운동이 다시 시행되었고, 1960년대에도 학생들이 먹는 도시락에 잡곡이 섞여 있는지 검사해서 혼분식을 지키지 않으면 혼을 내기도 했다. 이후 1970년대에 생산성이 이전의 품종보다 30퍼센트 높은 통일벼가 등장해 쌀 부족이 해결되자 도시락에 잡곡이나 밀가루를 섞지 않아도 혼나지 않을 수 있었다.

  현재는 어떤 도시락이든 편의점, 도시락 전문점 등에서 자기 입맛에 맞는 메뉴로 골라 합리적인 가격으로 사 먹을 수 있다. 유명 셰프들과 협력해서 셰프만의 특별한 메뉴를 도시락으로 선보이기도 하고, 지갑 사정에 맞춰 다양한 가격대의 도시락을 선택할 수도 있다. 언제 어디서든 신선한 도시락을 구할 수 있으니 아무리 바쁘더라도 끼니는 꼭 챙기길 바란다.

소금에 절이니 겨우내 반찬 되네

김치

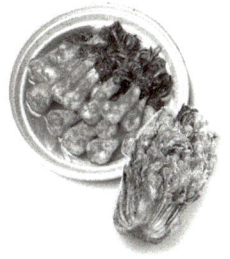

 낙엽이 지며 쌀쌀해지는 11월이 되면 김치를 담그는 시기가 찾아온다. 여러 대형 마트도 배추 물량을 최대로 확보하고, 김장에 필요한 고춧가루, 갓, 쪽파, 생강 등을 할인하며 서민들의 김장을 돕는다. 매년 농림축산식품부는 김장 물가를 안정화하기 위해 배추, 무, 마늘 등의 물량을 풀어 유통량을 늘리는데, 국가에서 김장 물가의 동향을 주시하는 만큼 김치는 우리나라에서 중요한 음식이다.

 우리나라에서 김장은 겨울 동안 채소가 나지 않는 때도 채소를 먹어 비타민 등 영양분을 섭취하기 위해 생겨난 식문화 풍습이다. 과거 김장은 '딤장'이라고 불렸는데, 한자로는 '잠긴다'라는 뜻의 침(沈)에 '저장한다'는 뜻의 장(藏)으로 쓰였다. 과거 김장에 관한 기록은 고려의 문인 이규보가 쓴 《동국이상국집》에 나온다. 이 책에는 "소금에 절인 (순무)김치 겨우내 반찬 되네"라며 지금의 김장과 유사한 모습이 기록되어 있다.

이 당시의 김치는 무, 채소 등을 소금에 절인 것으로 지금의 빨간색 김치와는 달랐다. 우리에게 익숙한 김치는 조선시대에 완성되었다. 발효를 위해 젓갈을 넣고, 아메리카 대륙에서 유입된 고추를 넣었으며, 조선 후기에 확산된, 이파리가 많이 달린 품종의 배추를 이용하면서 현재 김치의 모습이 완성되었다. 특히 고추는 채소를 절일 때 소금의 양을 줄여도 잘 발효되도록 했고, 젓갈의 비린내를 매운맛으로 잡아주는 효과도 있어 점차 김치에 사용했다.

그렇다면 김치는 왜 11월에 담글까? 날씨가 너무 따뜻하면 김치가 쉽게 상하고, 너무 추우면 채소들이 얼어 김장을 할 수 없어서 평균 기온이 4도 정도로 유지되는 11월이 김장하기에 가장 적절하기 때문이다. 예로부터 겨울의 시작인 입동과 눈이 내리기 시작하는 소설 사이가 김장하기 좋은 때로 여겨졌다.

김장은 오래전부터 많은 이들이 즐기던 식문화 풍습으로, 만드는 재료, 요리법, 만드는 시기까지 유지된 채 지금까지 이어져 오고 있어서 귀중한 우리 문화유산이다. 유네스코에서도 김장 풍습을 인류무형문화유산으로 인정했다.

우리의 김치와 김장처럼 오랜 전통을 가진 음식이 유럽에도 있다. 바로 독일의 사우어크라우트다. 사우어크라우트는 '신맛의 양배추'라는 뜻이며, 양배추를 얇게 썰어 소금을 뿌린 후 으깨 유리로 된 밀폐 용기에 넣어 4~6주 동안 발효하는 음식이다. 이 과정을 통해 양배추 표면의 락토바실러스 등 유산균에 의해 발효가 진행되며 신맛이 나고 보존성이 높아 한 달 이상 보관이 가능한 사우어크라우트가 완성된다.

이 음식은 독일인을 상징하는 음식이지만, 기원은 중국이다. 중국인들은 기원전 221년부터 채소를 청주에 담가 발효시켜 먹었는데, 이런 채소 절임을 통해 겨울철에도 비타민 등 영양분을 얻을 수 있었다. 이후 몽골인들도 이런 채소 절임을 즐겨 먹었고, 몽골인들의 유럽 진출에 따라 동유럽과 서유럽까지 채소 절임이 전파되었다. 독일인들은 이 음식을 참고해 16세기부터 양배추를 발효시켜 먹었고, 17세기부터는 사우어크라우트라는 이름으로 식탁에 올렸다.

사우어크라우트는 신항로를 개척하기 위해 떠난 뱃사람들의 건강을 책임지기도 했다. 15세기부터 신항로를 찾기 위해 시작된 대항해시대는 괴혈병이라는 뜻밖의 장애물을 만나 18세기까지 어려움이 이어졌다. 비타민C를 섭취하면 해결되는 괴혈병의 존재를 몰랐던 과거 사람들은 해결 방법을 모른 채 잇몸 출혈, 사지마비, 혈변과 염증 증세가 나타나며 죽음에 이르는 무서운 병을 방치할 수밖에 없었다. 영국 해군의 군의관이던 제임스 린드는 사우어크라우트를 즐겨 먹는 독일 출신 선원들은 괴혈병에 잘 걸리지 않는다는 점에 주목했다. 그는 1754년에 괴혈병을 방지하려면 선원들에게 감귤류 주스와 사우어크라우트를 제공해야 한다는 논문을 발표했고, 이 논문을 눈여겨본 영국의 제임스 쿡 선장은 항해를 떠날 때 사우어크라우트 3톤을 가져와 선원들에게 지속적으로 제공해 괴혈병 피해 없이 무사히 항해를 마쳤다. 그래서 독일의 국민 음식 사우어크라우트는 선원들이 긴 시간 동안 안전하게 항해할 수 있도록 해준 기적의 음식이기도 하다.

치아 건강과 하얀 이를 위하여
칫솔·치약

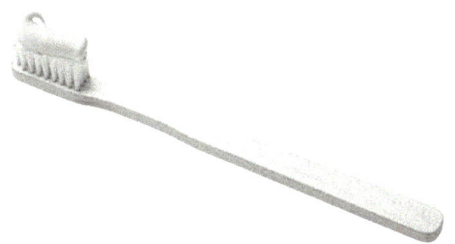

　치약과 칫솔은 하루의 시작과 끝을 함께한다. 아침에는 외출을 준비하며 개운하게 양치질하고, 자기 전에는 건강한 치아를 위해 양치질한다. 그래서 치약과 칫솔은 하루를 보내는 우리에게 늘 가까이 있는 도구다. 고대인들도 치아의 건강과 하얀 이를 위해 입안을 상쾌하게 하려 했다. 그러나 현재 모습의 치약과 칫솔이 완성된 것은 17~18세기다. 현재 치약과 칫솔은 이물질 제거, 구취 제거, 치아 연마, 입속 세균 제거와 충치 억제 등 여러 기능을 하고 있는데, 과거 사람들은 칫솔과 치약 없이 어떻게 그 효과를 냈을까?

　칫솔의 역할인 치아 사이 이물질 제거는 나뭇가지가 수행하곤 했다. 기원전 5~4세기 석가모니가 버드나무 가지로 만든 이쑤시

개를 땅에 버리자 곧바로 뿌리를 내려 나무로 변했다는 이야기가 전설로 내려오는데, 이를 통해 작은 나뭇가지로 만든 이쑤시개가 칫솔의 역할을 했음을 알 수 있다. 또한 칫솔나무라고 불리는 살바도라 페르시카는 중동과 북아프리카, 인도 지역에서 자라나는데, 이 나무의 가지는 미스와크라고 불리며 칫솔로 사용되었다. 한쪽 나뭇가지를 씹으면 쪼개지며 섬유질이 나오는데, 그 과정에서 항균 효과를 내는 물질이 나오고, 입안을 상쾌하게 해준다. 또한 쪼개진 섬유질들은 치아를 닦으면서 플라그를 제거하는 효과도 있다고 한다.

고대의 칫솔을 만들기 위해서는 많은 가공이 필요하지 않았지만, 치약은 달랐다. 과거 사람들은 치약처럼 치아의 세균을 제거하고 치아를 연마할 수 있는 물질들을 찾았는데, 현대인의 눈으로 보면 다소 의아한 물질들이다.

첫 번째는 소변으로, 로마인들은 소변으로 양치하면 이가 하얗게 된다고 믿어 자기 소변으로 이를 닦았다. 심지어 포르투갈인들의 소변이 효과가 좋다고 소문나서 로마의 상류층 중에는 포르투갈인의 소변을 구입하기도 했다. 충격적인 방법이지만, 소변 내의 암모니아가 입속 세균을 억제할 수 있어 로마인들의 치아 건강에 도움이 되었을 것이다.

두 번째는 치아를 반짝반짝하게 연마하기 위해 사용한 부석이다. 부석은 화산분출물 중 지름이 4밀리미터 이상인 암석으로, 속에 빈틈이 많아 물에 뜰 정도로 가벼워 이런 이름이 붙었고 색은 연회색이다. 부석의 성분은 산화나트륨, 산화칼륨, 이산화규소로, 이 중 실리카라고도 불리는 이산화규소는 현재도 치아 착색을 제거하고 표면을 매끈하게 해줘 치약에 쓰인다. 그러나 부석의 다른 성분인 산화나트륨과 산화칼륨은 치아 표면을 부식시켜 오래 사용하면 오히려 치아를 상하게 한다.

치약으로 사용했던 또 다른 것으로는 벽돌, 조개껍데기, 그리고 빻은 동물 뼈와 숯가루 등이 있다. 이것들은 대부분 가루 형태로 치아에 문질러 연마제 역할을 했다. 그러나 대부분 입자가 거칠고 불순물이 있어 오래 사용하면 부석처럼 치아의 법랑질을 손상시켰다.

현대의 모습과 가장 비슷한 칫솔은 중국 명나라에서 만들어졌다. 1498년 중국의 황제는 동물 뼈나 대나무에 돼지털을 꽂아 칫솔로 사용했는데, 이것은 털을 하나하나 심어 만드는 것이라 상당히 귀했다. 유럽 지역에서는 돼지털 칫솔이 뻣뻣해서 잇몸에 상처를 낸다며 사용하기를 꺼리기도 했다. 이런 동물 털을 이용한 칫솔은 18세기 말 영국에서도 야생 곰의 털, 말의 털을 이용해 만들어졌지만, 실제 동물의 털을 뽑아 만드는 것이기 때문에 꽤 비쌌다.

일반 사람들도 적당한 가격에 사용할 수 있는 칫솔은 1937년 미국 듀폰사에서 개발했다. 1802년 미국에서 설립된 화학 및 섬유 제조 기업인 듀폰의 연구부장 월리스 캐로더스는 1935년에 세계 최초로 나일론을 만들었다. 그는 식물이나 동물에서 옷감을 얻지 않고 석탄에서 얻을 방법을 연구해, 나일론이라는 가늘고 마찰에 강하고 잘 끊어지지 않는 섬유를 만든 것이다. 듀폰사에서 나일론을 이용해 만든 최초의 도구가 칫솔이었고, 이후 나일론은 여성용 스타킹, 블라우스 등의 재료로 쓰이며 선풍적인 인기를 끌었다.

돼지털 칫솔이 너무 비싸 이쑤시개로만 치아 위생을 챙기던 서민들은 물론 돼지털 칫솔이 너무 뻣뻣하고 자주 빠져 불편함을 겪던 상류층 모두 값싸고 부드러우며 털이 빠지지 않는 나일론 칫솔을 환영했다. 이를 통해 모든 사람이 치아 건강과 구강 위생을 챙길 수 있었다. 당시 칫솔 손잡이는 플라스틱으로 현재 칫솔의 모습과 같다.

치약은 앞에서 소개한 것처럼 다양한 재료를 가루로 만들어 치아 표면을 연마하는 역할로 사용되다가 1824년 치과 의사 피보디가 치약에 비누를 첨가했고, 1850년에는 존 해리스라는 치과 의사가 치약에 분필을 첨가했다. 탄산칼슘으로 이루어진 분필은 치아의 플라그와 착색을 제거하는 데 도움이 되어 지금도 치약에 첨가되는 성분이다.

이런 치약들은 이전에 비해 성분이 나아졌지만, 가루 형태라서 사용하는 데 불편함이 있었다. 1873년에 콜게이트사는 작은 유리병에 치약 가루를 물에 곱게 갠 반죽 형태를 담은 병 치약을 출시했다. 성분은 분필, 비누, 글리세린, 민트였고, 사용하기에 훨씬 편했기 때문에 인기를 얻었다. 다만 가족들의 칫솔을 모두 같은 병에 담아 치약을 묻히는 방식이었기 때문에 위생 문제가 있었다.

  1890년대에는 미국의 셰필드 치약 회사에서 튜브에 담긴 형태인 '크림 치약'을 출시했다. 이 치약을 개발한 셰필드 박사는 프랑스의 예술가들이 금속 튜브에 담긴 물감을 사용하는 것을 보고 아이디어를 얻어 위생에도 이로우면서 양치하기에도 편리한 튜브형 치약을 만들었다. 이런 형태는 지금도 꾸준히 사용되고 있다.

햇빛 차단에서 신분의 상징으로
가발

우리가 모르는 사이에 우리 몸에서 떨어져 나가는 것이 있다. 바로 머리카락이다. 매일매일 빠지는 머리카락은 잘 모으면 귀중한 자원이 되기도 한다. 최근 미용실에서 버려지는 머리카락들을 모아 비료, 보온 매트 등으로 재탄생시키며 탄소 중립을 실천하려는 움직임이 있다. 하지만 머리카락은 과거에도 귀중한 자원으로 재활용되었는데, 가발을 만들기 위해서였다.

가발에 대한 가장 오래된 흔적은 이집트에서 찾아볼 수 있다. 기원전 3000년경 나일강 변에서 살던 이집트 사람들은 풍토병을 피하려고 머리카락과 몸의 털을 짧게 다듬으며 위생에 힘썼다. 하지만 강한 햇빛을 막기 위해 머리카락은 필요했다. 그래서 이집트 사람들은 사람의 머리카락과 양털, 야자 잎 섬유 등을 이용해 가발을 만들어 쓰고 다녔다. 이렇게 시작된 가발은 더욱 발달해 가발에 보석을 달거나 가짜 수염으로도 발전하는 등 다양한 형태로 만들어졌다.

먼 고대 사람들 외에도 가발을 쓴 옛날 사람들을 떠올려보면 곱슬곱슬한 머리 모양의 유럽 음악가들이 생각나지 않는가? 음악가들이 가발을 쓰는 이유는 그 시기에 가발이 크게 유행했기 때문이다. 16세기 후반에 프랑스 왕들이 대머리를 가리기 위해 가발을 썼는데, 이런 스타일이 다른 나라의 왕족과 귀족들 사이에 널리 퍼지며 17~18세기는 가발의 시대가 되었다. 이 시기에는 상류층의 권위를 나타내기 위한 풍성한 대형 가발, 가볍게 만든 여행용과 스포츠용 가발, 법조인과 의사들이 쓰는 가발, 여성을 위한 장식품이 많이 달린 가발 등 다양한 가발이 등장했다. 또한 가발에 밀가루로 만든 헤어 파우더를 뿌려 색과 향기를 입혔다.

우리나라에서는 어떤 가발이 유행했을까? 조선 시대를 다룬 사극을 보면 양반집 여인들의 머리가 굉장히 풍성한 것이 눈에 띌 텐데, 여인들의 풍성한 머리는 가체라고 불리는 가발을 붙여 만든다. 여러 기록에 따르면 신라 시대에도 여성들의 머리를 풍성하게 하는 미체라는 가발이 있었던 것처럼 한반도의 여인들은 풍성한 머리를 아름답다고 생각했다. 특히 《성종실록》에 따르면 성종이 좋아하던 여인들의 가체 높이가 1척, 즉 30센티미터 정도였다. 가체의 크기와 무게가 상당했기 때문에 가체 때문에 목이 부러져 죽은 여인도 있었다. 또한 당시에는 머리카락을 자르는 것을 불효로 여겨, 가체를 만들려면 가난한 천민이나 죄수의 모발을 이용해야 했다. 따라서 가체의 가격이 매우 비쌌고, 가체를 마련하기 위해 파산하는 사람들도 생겼다.

  결국 가체로 인한 여러 사회문제를 해결하기 위해 영조와 정조 때는 가체 금지령이 내려졌다. 그 내용은 양반가의 여인들과 모든 부녀자는 가체를 이용해 머리를 올리는 것을 일절 금지하고, 가체를 대신할 머리 장식으로 족두리를 쓰되 족두리에 사치를 부리는 것도 금지하는 것이었다. 그러나 정조 때 활동했던 김홍도와 신윤복의 풍속화에서도 볼 수 있듯 가체 금지령 이후에 가체 풍습이 완전히 사라지지는 않았다. 다만 백성들의 사치를 경계하는 법령인 만큼 조선 말기에는 가체 풍습이 사라졌다.

  대수롭지 않게 생각했던 머리카락이 과거에는 가발의 재료가 되며 귀하게 여겨졌다는 사실이 흥미롭다. 탄소 중립을 위한 재활용에 머리카락이 어떤 새로운 역할을 할지 기대된다.

이상적인 몸을 위한 욕망

다이어트

  오랫동안 기적으로 여겨지던 '먹으면 살 빠지는 약'이 우리 세대에는 병원에서 처방받으면 구할 수 있게 되었다. 바로 위고비, 마운자로 등 비만 치료제로, 이 약들은 식욕을 조절하는 호르몬을 분비해서 밥을 먹지 않아도 배부르다고 우리 몸이 인식하게 하고, 살이 찌는 원인인 과식을 조절해 비만을 치료하도록 돕는다. 사실 이런 비만 치료제는 체질량지수(BMI)가 30 이상인 고도비만 환자에게만 처방하도록 권고하지만, 실제로는 미용 목적을 위해 정상 체중인 사람들도 처방받고 있다. 구토, 체력 저하, 근육 손실 등 부작용도 있지만 날씬해지고 싶은 사람들의 욕망을 막지는 못하는 것 같다.

  인류가 발생하고 도구를 사용하던 때는 사람들 대부분이 매일 식량을 구하러 먼 거리를 돌아다니며 마른 형태의 몸을 가지고 있었다. 그래서 이 시기에는 오히려 풍만한 체형이 선망과 숭배의 대상이었다. 역사 교과서에도 흔히 나오는 '빌렌도르프의 비너스'라는 구석기 시대의 조각상을 보면 풍만하고 살찐 여성의 신체를 풍요와 다산의 상징으로서 숭배했다는 것을 알 수 있다.

이처럼 먼 옛날에는 식량을 풍부하게 먹어 살찐 신체를 선망했지만, 고대 그리스에서는 비만을 다르게 생각하기 시작했다. 기원전 4세기경에 활동하던 '의학의 아버지' 히포크라테스는 많이 먹고 운동하지 않아 살찐 사람은 더 빨리 죽는다고 했고, 식사 후 바로 걸으면 복부 지방의 축적을 막을 수 있다는 것을 알렸다. 또한 비만 환자에게는 구토하도록 처방하기도 했다. 로마 제국에서는 비만을 위한 위 축소 수술이 고안되기도 했다. 2세기에 활동한 로마의 작가 아울루스 겔리우스는 여러 문헌의 내용을 자신의 저서에 적어 글을 수집하고 보존했는데, 그중에 비만을 치료하는 수술로 위를 강제로 수축시켜 음식물의 통과를 제한하는 방식이 적혀 있다. 이런 위 축소술이 실제로 시행되었는지는 알 수 없지만, 고대인들이 비만 치료를 위해 고민한 흔적은 충분히 짐작할 수 있다.

이처럼 계급과 국가가 형성된 이후에는 비만 상태의 사람들이 생겨났고, 건강상 문제를 유발하기 때문에 비만을 치료하려 했다. 하지만 살을 빼기 위해 거창한 방법은 필요 없다. 적게 먹고, 많이 움직이고, 땀 흘리며 운동하는 것뿐이다.

지금은 식욕을 조절해주는 약이 개발되었지만, 그런 것이 없던 과거에는 살을 빼기 위한 노력 없이도 날씬한 몸매로 보일 수 있게 해주는 도구가 개발되었다. 바로 코르셋이다. 초기의 코르셋은 가슴을 강조하거나, 바른 자세를 유지하기 위해 여성과 남성 모두 입던 속옷이었다. 이런 코르셋이 날씬함을 강조하는 도구로 활약한 때는 1837년부터 영국 빅토리아 여왕이 통치하던 빅토리아 시대다. 이 시기에는 산업혁명으로 공장에서 의류가 제조되어 더 빠르고 다양한 의류가 만들어질 수 있었고, 상류층 여성들은 노동 계층과 차별을 두려 일할 필요 없음을 패션으로 표현하고자 했다. 이런 사회적 변화로 등장한 패션이 풍성한 드레스와 모래시계형 코르셋을 착용하는 빅토리아 시대의 패션이다.

빅토리아 시대에는 드러난 어깨와 풍만한 가슴, 자연스러운 위치에 있는 가는 허리, 풍성한 스커트를 아름답다고 생각했다. 풍만한 가슴과 풍성한 스커트를 강조할 수 있을 만큼 허리가 가늘다면 드레스를 그대로 입으면 되지만, 자연 상태로 그런 몸매를 유지하기는 어렵기 때문에 모래시계 형태로 여성의 허리를 극단적으로 조이는 코르셋이 사용되었다. 과거 유럽 상류층의 모습을 담은 영화나 드라마에서는 종종 하녀가 코르셋을 조이기 위해 힘쓰고, 상류층 여성은 코르셋에 몸을 맞추기 위해 숨을 참는 모습이 나오는데, 바로 이 시기에 볼 수 있는 장면이다. 하지만 코르셋으로 인한 부작용은 금방 드러났다. 극단적인 코르셋은 호흡 곤란과 폐렴, 장기 변형과 같은 심각한 건강상 문제를 초래했다. 심지어 이 시기에는 임산부용 코르셋도 사용되었다고 하니 문제가 심각했다.

20세기에는 담배가 다이어트를 위한 방법 중 하나로 소개되었다. 1871년 미국인 의사 리처드 아치볼드 패터슨이 설립한 담배 회사 럭키 스트라이크는 흡연하면 날씬해질 수 있다는 내용의 광고를 제작해 홍보했다. 당시 광고 포스터를 살펴보면 "달콤한 것을 먹는 대신 럭키 스트라이크의 담배를 피워라. 그러면 날씬함을 유지할 수 있을 것이다", "과식하고 싶을 때 럭키 스트라이크 담배를 피우면 날씬해질 수 있다"라는 내용이 담겨 있다. 니코틴으로 인한 몸의 변화 중 하나로 식욕이 억제되는 증상이 있는데, 이 증상을 이용해 다이어트에 도움이 된다고 홍보한 것이다. 실제로 1994년 미국에서 진행된 여성 청소년들의 흡연 시작 이유에 관한 연구에서는 흡연이 체중 조절에 도움이 될 것으로 생각해 흡연이 시작된 경우가 꽤 있었다. 하지만 흡연은 체중 조절을 위해 시작하기에는 니코틴 중독으로 인한 문제, 암의 발생 등 심각한 부작용을 초래한다.

사실 날씬한 몸을 만들기 위해서는 열심히 운동하고 건강한 음식을 적당히 먹는 것이 가장 좋은 방법이다. 하지만 마음 건강에도 더 좋은 방법은 현재 그대로의 자기 몸을 긍정하고, 자기 몸을 사랑하는 것이다.

형벌 도구에서 운동 기구로

러닝머신

 국민의 건강한 삶을 응원하고 의료비, 간병비 등 건강 문제로 인한 지출을 줄이기 위해 우리나라에서는 헬스장을 이용하면 연말정산에서 세금 혜택을 주고 있다. 근로자는 한 해 동안 얻은 소득과 소비한 금액을 비교하여 소득에 비해 더 많은 세금을 내면 세금을 환급받고, 소득에 비해 세금을 덜 내면 추가로 징수되는 연말정산을 하는데, 연말정산에서는 헬스장, 수영장 등 생활체육시설에 소비한 금액에 대해 세금 혜택이 주어진다. 국민은 생활체육시설을 이용하며 금전적 혜택을 받을 수 있어서 좋고, 국가 입장에서는 국민 대부분이 운동을 즐기면 생산성도 올라가고 건강보험료로 지출되는 금액도 줄어 좋다.

 헬스장의 대표적인 운동 기구인 러닝머신의 원래 이름은 트레드밀(treadmill)인데, tread는 '밟아 으깬다'라는 뜻이고 mill은 '방앗간'을 의미한다. 트레드밀을 고안한 사람은 영국의 발명가 윌리엄 큐빗이다. 영화 〈캐리비안의 해적〉의 유명한 전투 신 중 하나는 대장간에서 말이 걷는 힘으로 풀무질하는 기구를 이용한 것인데, 이처럼 과거에는 대장간이나 방앗간에서 말이 걷는 힘을 이용해 곡식을 빻는 기구가 있었다. 큐빗은 이를 감옥의 죄수들에게 적용할 방법을 생각해냈다. 1818년에 처음 만들어진 트레드밀은 속이 빈 커다란 철제 원통을 나무 계단이 둘러싼 형태였다. 최대 40명의 죄수가 함께 나무 계단을 밟았고, 원통이 돌아가면 죄수들은 계속 계단을 밟아야 했다. 죄수들이 원통을 굴리며 생긴 힘은 옥수수를 빻거나 물을 퍼 올리는 동력으로 사용되었다.

러닝머신으로 운동하는 사람들의 경우 쉼 없이 30분 이상을 걷거나 뛰면 땀이 나고 운동 효과가 나타난다. 그런데 당시 영국의 죄수들은 하루에 6시간씩 트레드밀 위에 있어야 했다. 15분간 계단을 오르고 5분간 쉬는 것을 3시간 동안 반복하며, 이 과정을 하루 두 번씩 반복했다. 그들이 하루에 걷는 트레드밀 양을 거리로 환산하면 약 2,600미터로 한반도에서 가장 높은 백두산 높이와 비슷하다. 이렇게 꾸준히 운동하면 죄수들이 건강해졌을 것 같지만 그렇지 않았다. '먹는 것까지 운동이다'라는 말이 있듯 영양이 부족한 상태에서 과한 운동을 하면 오히려 건강을 해치기 때문이다. 당시 죄수들은 부실한 식사를 지급받으며 자신의 수

감 기간 중 최소 3개월 동안 트레드밀에 올라야 했다. 트레드밀의 악명이 높아지자 1898년 영국 교도소법에 의해 사용이 금지되기도 했다.

  고문 기구였던 트레드밀은 1952년 미국 심장 전문의 로버트 부르스 박사가 환자의 심장과 폐 기능을 측정하기 위한 도구로 재사용하며 '러닝머신'이라고 불렀다. 그는 환자에게 심박 측정 장치를 부착하고 러닝머신 속도와 기울기를 조정하며 환자의 상태를 분석하는 데 사용했다. 1960년대 후반에는 최초의 가정용 러닝머신이 등장했다. 그렇게 러닝머신은 형벌 기구에서 사람들의 건강을 위한 대표 운동 기구로 바뀌었다. 다행인 것은 과거의 죄수들과 달리 우리는 러닝머신 위에서 뛰다가 힘들면 언제든 멈출 수 있다는 것이다.

인도의 놀이에서 귀족 게임으로
배드민턴

 배구에는 김연경, 피겨 스케이팅에는 김연아, 축구에는 손흥민처럼 배드민턴에도 우리나라의 세계적인 스포츠 스타가 등장했다. 바로 안세영이다. 여자 단식 부문에서 대적할 선수가 없는 안세영은 강인한 체력과 뛰어난 수비력으로 넓은 코트를 지친 기색 없이 누비며 상대의 실수를 이끌어내는 끈질긴 경기력을 보여준다. 그 결과 안세영은 2024년 파리올림픽 여자 배드민턴 단식 결승에서 28년 만에 대한민국에 금메달을 안겨주었다. 2025년에도 각종 세계 대회에서 우승을 휩쓸며 배드민턴 여자 단식에서는 여왕으로 군림하고 있다.

 안세영의 활약도 중요하지만, 우리나라 사람들은 배드민턴을 부담 없이 즐긴다. 정규 교육과정과 학생들의 스포츠클럽 활동에도 배드민턴이 항상 포함되어 누구나 쉽게 접하고, 축구, 골프와 함께 많은 동호인이 즐기는 대표적인 생활체육이다.

어디에서든 친구와 라켓, 셔틀콕만 있으면 누구나 쉽게 즐길 수 있는 스포츠, 배드민턴은 영국의 지명에서 유래된 이름이다. 영국의 공작 뷰포트는 배드민턴이라는 이름의 자신의 저택에서 경기를 즐기기 시작했고, 이 때문에 배드민턴이라는 스포츠로 불렸다. 당시 배드민턴은 귀족의 게임으로, 깃이 높은 셔츠에 코트를 단정하게 입고 실크 모자를 쓰는 등 엄격한 매너를 지키며 진행했다.

그러나 뷰포트 경이 배드민턴을 발명한 것은 아니다. 이 스포츠는 원래 영국 사관생도들이 즐기던 푸나에서 시작되었다. 푸나는 인도의 지명이자 1820년대 인도에서 유행한 놀이로, 납작한 빨랫방망이에 깃털을 꽂은 코르크를 주고받는 형태였다. 인도의 놀이가 영국으로 와서 배드민턴이 된 이유를 알려면 인도 식민 지배 역사를 살펴봐야 한다.

17세기 초 유럽 열강인 영국, 프랑스, 네덜란드는 동인도회사를 설립해서 인도 등 여러 아시아 국가와 무역을 진행했다. 특히 영국 동인도회사는 1757년 플라시전투로 인도에서 프랑스 세력을 몰아내며 우위를 차지했고, 19세기에는 영국 빅토리아 여왕이 인도를 식민지로 삼았다. 인도에서는 면화 재배가 강요되었고, 영국인들은 인도의 숲과 나무를 대량으로 벌목했다. 또한 값싼 면제품을 인도에 판매하며 인도의 전통 수공업자들의 일자리를 빼앗았다.

  이 시기 인도에 주둔한 영국 군인들은 빨랫방망이로 셔틀콕을 주고받던 푸나를 영국으로 가져가 규칙을 만들고 라켓을 개량해서 배드민턴을 스포츠로 발전시켰다. 이처럼 식민 지배 기간에 국가 간에는 음식, 놀이, 의복 등 다양한 문화가 교류되었다. 그중 우리가 즐기는 배드민턴에는 인도와 영국의 식민 지배 역사가 담겨 있다.

소비 궁전, 동경과 행복을 팔다
백화점

 날씨가 추워질 때면 자연스럽게 올 한 해가 끝나가는구나 싶어진다. 하지만 아쉽지만은 않다. 멋진 크리스마스트리와 반짝이는 조명들이 거리를 비추며 따뜻한 연말 분위기를 즐길 수 있기 때문이다. 특히 백화점들은 거대한 크리스마스트리와 화려한 전구들, 연말 분위기를 느낄 수 있는 소품들로 시민들에게 볼거리를 제공한다. 서울의 한 백화점은 건물 외벽에 초대형 스크린을 설치해 반짝이는 다양한 영상을 상영하며 SNS 인증사진 명소로 소문나기도 했다. 소비 심리가 위축되면서 백화점 매출이 부진할수록 백화점들은 더 이르게, 더 화려하게 꾸민다. 화려할수록 방문객들이 더 늘기 때문에 부진한 영업 이익을 메꾸려 빨리 연말 분위기로 단장한다.

세계 최초의 백화점은 프랑스에서 등장했다. 19세기 프랑스에서 옷감을 파는 포목점 주인 아리스티드 부시코는 당시 재래시장의 문제점을 해결하고 싶었다. 당시 사람들은 물건을 사려면 대부분 재래시장에 가야 했고, 물건을 살 때 상점 주인과 가격 흥정을 거쳐야 했다. 또한 물건에 문제가 있었을 때 고객이 반품을 받으려면 상점 주인과 실랑이해야만 했다. 그는 이런 불편함을 해결하기 위해 1852년에 최초의 백화점인 봉마르셰를 만들었다. 봉마르셰는 정찰제와 반품제를 도입해 소비자들의 인기를 끌었다. 게다가 에펠탑 설계자인 구스타프 에펠은 화려한 실내 장식과 유리 천장을 통해 빛이 들어오는 설계로 판매 상품을 돋보이게 했다. 백화점 봉마르셰에서는 아리스티드 부시코가 기존에 판매하던 옷감뿐만 아니라 여성복, 모자, 신발 등 만들어진 옷을 판매했다.

　봉마르셰에서는 상품을 대량으로 진열하고 고객이 직접 만져 볼 수 있도록 허용했기 때문에 사람들은 자연스럽게 백화점을 여유롭게 걸으며 쇼윈도의 다양한 상품을 구경했다. 구경하다 보면 사고 싶어져 지갑을 열게 되었다. 이로써 봉마르셰는 '소비의 궁전'이라는 별명을 얻었다. 첫해에 50만 프랑의 매출을 올렸지만, 불과 8년 만에 500만 프랑의 매출을 올리며 대성공했다. 또한 현재 백화점이 문화센터나 전시 공간 역할을 하는 것처럼 봉마르셰도 단순히 물건을 사고파는 공간에 그치지 않고 도서관, 미술관, 음악 교실 등을 운영하며 복합적인 문화의 장으로서 존재했다.

  백화점이라는 개념은 미국에도 전해졌으며, 연말에 흔하게 볼 수 있는, 화려하게 꾸민 백화점은 미국에서 처음으로 등장했다. 1858년 미국 맨해튼에 세워진 메이시 백화점이 그 시작이다. 19세기 후반부터 미국 각지에서는 크리스마스를 기념해 거리에서 많은 사람이 모여 종과 북을 치는 퍼레이드를 벌이곤 했다. 하지만 20세기에는 맨해튼에서 크리스마스 퍼레이드를 볼 수가 없었다. 제1차 세계대전이 끝난 시기에 도시화가 진행되며 사람들이 모여 크리스마스를 즐기지 않게 되었기 때문이다. 그래서 1924년에 메이시 백화점은 크리스마스 퍼레이드를 진행하기 시작했다. 목적은 '어린이'라는 새로운 고객들을 사로잡기 위해서였다.

  당시 메이시 백화점 경영주들은 단순히 물건을 홍보하는 것보다는 기업 이미지를 홍보하는 광고에 관심이 많았다. 그래서 과거 크리스마스 퍼레이드를 되살리고 동화 속 산타클로스를 등장시키면 어린이들에게 백화점을 홍보할 수 있다고 생각했다. 이에 1924년 겨울, 메이시 백화점은 아트 디렉터까지 고용하며 크리스마스 퍼레이드를 진행했다. 여러 차량과 5개의 음악가 밴드가 행렬을 이어갔고, 중심에는 루돌프가 끄는 썰매를 타고 있는 산타클로스가 있었다. 행렬이 백화점에 도착하면 산타는 입구 지붕 위로 올라갔고, 사람들은 환호했다.

  과거 퍼레이드와 달리 사람들의 직접 참여는 적었지만, 메이시 백화점 퍼레이드는 사람들에게 즐거운 구경거리를 제공하며 고객 유치에 성공했다. 이것이 현재까지 이어져, 백화점들마다 마케팅과 홍보를 위해 사람들에게 색다르고 멋진 구경거리를 제공하고 있다.

불멸의 가치를 향한 욕망
다이아몬드

 세상에서 가장 비싸고 단단한 보석이라고 하면 대부분 다이아몬드를 떠올린다. 다이아몬드는 지구 속 깊은 맨틀에서 순수 탄소 원자들이 결합해서 형성된 물질이다. 다이아몬드는 어떤 물질에도 긁히지 않을 만큼 단단하며, 많은 빛을 반사해 찬란하게 빛난다. 또한 희귀해 수십 톤의 암석에서 1그램 정도밖에 나오지 않는다.

 최근에는 이렇게 귀한 다이아몬드를 실험실에서 만들 수 있는데, 바로 '랩 그로운 다이아몬드'다. 이것은 다이아몬드와 탄소 구조가 같은 흑연에 다이아몬드가 맨틀에서 생성될 때와 유사한 압력과 1,300~1,600도의 온도를 가해 생성한다. 이렇게 만들어진 다이아몬드는 천연 다이아몬드와 같은 성질을 가지지만,

가격은 천연 다이아몬드의 5분의 1 수준으로 저렴하고 대량 생산도 가능하다. 이런 영향으로 최근 1캐럿 이하 크기의 다이아몬드 가격은 크게 하락했다. 현재는 희소성이 다소 떨어졌지만, 다이아몬드는 여전히 아름다운 빛을 뽐내며 최고의 주얼리로 사랑받고 있다.

다이아몬드는 역사적으로 기원전 약 800년경 인도에서 처음 발견되었다. 인도에서는 다이아몬드를 장신구로 사용하고, 불상의 눈이나 힌두교 여신상의 눈에도 새겼다. 유럽으로 전파된 다이아몬드는 그리스어 '아다마스(adamas)'에서 유래했으며, '무적'이라는 뜻을 가진다. 로마에서는 왕에게만 알리는, 가장 값비싼 보석으로 여겨졌다. 그래서 다이아몬드는 왕이나 귀족의 장신구로 사용되거나 연마제로만 활용되었다.

1477년, 신성로마제국의 황제 막시밀리안 1세는 부르군트 공주에게 청혼하면서 다이아몬드 반지를 선물했다. 이때부터 왕족과 귀족들 사이에서는 결혼할 때 다이아몬드 반지를 주고받는 문화가 형성되었다. 그러나 18세기까지 다이아몬드는 인도에서만 나오는 희소한 보석이었기 때문에 아무나 소유할 수 없었으며, 유럽에서는 왕족과 귀족만 다이아몬드를 소유할 수 있도록 법으로 규제되었다.

19세기 유럽 여러 나라가 아프리카에 진출했을 때, 남아프리카공화국에서 대규모 다이아몬드 광산이 발견되었다. 이때 다이아몬드를 전 세계에 대중화시킨 인물은 철도, 전신, 광산 사업을 경영한 영국 출신의 사업가이자 남아프리카 케이프주 총독 세실 로즈였다. 그는 남아프리카공화국의 다이아몬드 광산을 매입하고, 1888년에 드비어스라는 광산 회사를 설립해 다이아몬드 시장에서 지배력을 행사했다. 그는 자신의 광산을 보호하기 위해 보어전쟁에 참여하기도 했다. 그가 죽은 뒤 드비어스 광산 회사는 제2차 세계대전 동안 군사 장비 생산에 사용될 산업용 다이아몬드를 채굴해서 판매했다.

1945년 전쟁이 끝난 후, 드비어스는 다이아몬드를 판매할 새로운 전략을 생각해냈다. 바로 과거 왕족들이 주고받았던 것처럼 대중들도 결혼할 때 다이아몬드 반지를 주고받도록 하는 것이다. 드비어스 회사는 반지를 결혼 상징으로 만들기 위한 광고 전략을 계획했다. '다이아몬드는 영원하다'라는 문구를 담아 다이아몬드 반지를 광고하며, 세계대전의 아픔을 겪은 사람들에게 사랑의 영원함을 세상에서 가장 단단한 광물인 다이아몬드에 담아 약속하도록 한 것이다. 이 광고 캠페인은 대중에게 큰 영향을 주었으며, 현재까지 다이아몬드 반지는 결혼의 상징으로 자리 잡고 있다.

전장에서 시작한 모두의 패션
트렌치코트

 서로 막대 과자를 주고받는 11월 11일은 학생들이 기다리는 날 중 하나다. 매년 그날에는 학생들이 과자를 한가득 사서 친구와 선생님들에게 막대 과자를 건네며 함께 먹는 모습이 즐거워 보인다. 이렇게 즐거운 11월 11일을 애타게 기다린 사람들이 또 있었다. 바로 제1차 세계대전이 벌어지던 1918년에 살던 사람들이었다. 1918년 11월 11일은 4년간 약 4천만 명 이상의 사상자를 낸 제1차 세계대전이 멈춘 날이었다.

 제1차 세계대전이 11월 11일에 끝난 이유는 독일에서 혁명이 일어나 11월 9일에 전쟁을 주도한 독일 황제가 물러났기 때문이다. 프랑스와 독일 사이의 서부전선이 전쟁의 주무대가 된 이후 독일은 모든 것을 쏟아부은 전투를 전개했으나 영국, 미국, 프랑스 등 연합국이 수많은 탱크와 비행기 함대를 동원하며 독일의 공세를 막아냈다. 결국 독일은 다시 한번 해군 병력을 총동원하는 공격 지시를 내렸으나 1918년 10월 말 킬 군항에서 독일 수병들이 공격 명령을 거부하고 탈영했다. 이어 독일에서는 황제를 몰아내는 혁명이 일어났고, 전쟁을 지속하기 어려운 상황이 된 독일은 11월 11일 새벽 파리 북서쪽 콩피에뉴 숲에서 연합국과 휴전협정을 맺었다.

우리에게 익숙한 11월 11일이라는 날짜가 제1차 세계대전과 관련된다는 사실은 의외다. 또한 우리에게 익숙한 트렌치코트 역시 제1차 세계대전에서 유래했다는 사실도 의외다. 트렌치코트의 트렌치(trench)는 전쟁 중에 기관총의 공격을 피하기 위해 땅을 파 만든 참호를 의미한다. 즉 트렌치코트는 참호에서 입은 코트에서 비롯된 옷이다.

버버리라는 패션 브랜드를 창시한 영국의 발명가 토머스 버버리는 비가 오는 날 무거운 고무 우비를 입다가 좀 더 가벼운 우비를 만들고 싶었다. 그는 여러 시도 끝에 촘촘한 면에 방수 코팅한 개버딘이라는 새로운 직물을 만들어냈다. 개버딘은 방수가 잘 되고 바람에 강하며 가볍다는 특성 때문에 아웃도어 의류에 활용되기 시작했다. 이후 제1차 세계대전이 발발하자 영국 군대는 참호 속에서 추위와 비바람에 떠는 군인들을 위해 버버리에게 대량의 레인코트를 주문했고, 이것이 지금의 트렌치코트가 되었다.

트렌치코트의 디자인을 보면 어깨와 소매에 스트랩이 있고 허리에 벨트가 있다. 이런 요소는 트렌치코트가 전쟁 중에 실제로 활용되었던 흔적이다. 어깨에 달린 스트랩은 망원경이나 물통을 걸기 위한 것이고, 소매의 스트랩은 참호를 팔 때 소매를 걷어 고정하기 위한 것이었다. 허리의 벨트는 비바람이 몰아칠 때 옷을 단단히 여미기 위해 만들어졌다. 전쟁이 끝난 뒤에도 트렌치코트는 탐험이나 야외 활동을 즐기는 사람들이 애용했고, 긴 시간이 흐른 지금에도 가을이 되면 많은 사람이 즐겨 입는 옷으로 남아 있다.

흔히 볼 수 있는 트렌치코트에 전쟁과 관련된 역사가 담겨 있다는 사실은 흥미롭다. 트렌치코트를 통해 제1차 세계대전의 역사를 접할 수 있듯 오늘날 우리가 입는 옷들도 먼 미래에는 역사 속 이야기를 품을 것이다.

일상

세상을 편하고 자유롭게

텔레비전
냉장고
세탁기
키보드·마우스
연필·지우개
포스트잇
포스기·바코드
도어록
면도기·쉐이빙 폼
자전거
지하철
자동차·운전면허
공항·여객기
커피
담배
눈싸움
해충
마스코트
보통선거

거실에는 늘 그것이 있다

텔레비전

거실의 가장 좋은 자리에 놓여 있는 텔레비전은 쓰임새가 많다. 방송국에서 송출해주는 프로그램만 시간 맞춰 보던 과거와 달리 다양한 OTT 서비스를 이용할 수 있는 스마트TV가 상용화되면서 개인의 취향에 맞춰 원하는 시간에 즐길 수 있다. 이처럼 개인의 취향에 맞춰 행복한 휴식을 가능하게 해서 최근에는 65인치 TV는 기본이고 85인치 이상 되는 크기의 TV도 출시된다.

텔레비전은 영상과 함께 음성을 송출하는 도구다. 심지어 키메라로 찍고 있는 영상을 실시간으로 텔레비전이 연결된 곳에 전달할 수도 있다. 텔레비전이 발명되기 전에 영상 송출 기능은 영화관이, 실시간 정보를 송출하는 기능은 라디오가 나눠 맡았다.

최초의 영화관은 뤼미에르 형제가 1895년에 만들었다. 움직이는 사진을 커다란 화면에서 다 같이 감상하는 모습을 상상한 뤼미에르 형제는 시네마토그래프를 발명해 영상을 촬영하고 많은 사람 앞에서 최초로 상영했다. 그 첫 영화는 〈뤼미에르 공장을 나서는 노동자들〉로, 퇴근하는 노동자들이 거리로 쏟아져 나오는 46초간의 영화다. 또한 대표 흥행작은 기차가 라 시오타 역으로 들어오는 장면을 찍은 〈기차의 도착〉이다. 이후 영화는 수많은 이들의 인기를 얻으며 20세기 동안 계속 발전했다. 특히 미국에서는 5센트만 내면 영화를 볼 수 있는 '5센트 극장'이 등장했고, 대중들의 사랑을 받았다. 그러나 1927년까지의 영화들은 대부분 소리가 없는 무성 영화였다.

  소리를 통해 사람들을 즐겁게 해주던 것은 라디오였다. 전기기술자이자 발명가 레지날드 페센든은 모스 부호를 전달하던 무선전신 기술을 활용해서 1906년에 마이크를 통해 소리를 전기신호로 바꾼 뒤 전파와 결합시켜 최초로 무선으로 음성을 송출했다. 이후 주파수를 통해 내보낸 음성을 수신하는 라디오라는 수신기가 발명되었고, 1920년 11월 2일에 최초의 상업적 방송이 이루어졌다. 이때 전달된 소식은 당일 이루어진 미국 대통령선거의 결과였다. 사람들은 다음날에야 소식을 알 수 있는 신문보다 더 빨리 소식을 듣고, 심지어 개표 결과를 실시간으로 알게 되었다는 점에 깜짝 놀랐다.

  이렇듯 생방송이 가능하다는 라디오의 매력 덕분에 미국에서는 500여 개에 가까운 라디오방송국이 생겨났다. 당시 라디오는 정치적인 수단으로 자주 사용되었다. 미국의 루스벨트 대통령은 대공황을 해결하기 위한 뉴딜 정책의 시행을 위해 국민에게 은행에 예금을 인출하지 말 것을 라디오 담화로 호소했고, 독일 나치당의 선전 장관 괴벨스는 전 국민에게 라디오를 보급하고 히틀러의 연설을 송출해서 히틀러의 권력 장악을 도왔다.

라디오가 소식을 전달하고 사람들에게 즐거움을 주며 가정마다 중요한 가전제품이 되었지만, 얼마 되지 않아 텔레비전이 등장해 그 자리를 빼앗았다. 텔레비전은 라디오처럼 전파를 통한 음성과 함께 영상까지 실시간으로 송출할 수 있었다. 텔레비전이 만들어지기 전인 1897년 독일의 물리학자 페르디난트 브라운이 브라운관이라 불리는 장치를 개발했다. 브라운관은 전기신호를 영상으로 나타낼 수 있는 장치였다. 진공으로 되어 안쪽에 형광물질이 발린 유리 구면 형태인 브라운관은 표면에 화소라고 불리는 수많은 점에 전기신호가 보낸 전자들이 충돌해서 빛을 내는 원리로 작동했다. 브라운관의 탄생 이후 많은 이들이 텔레비전의 화질을 개선하려 노력했고, 그 결과 전자식 텔레비전이 등장했다.

실시간으로 소식을 전해 들으면서 개신된 화질로 영상까지 볼 수 있는 텔레비전의 미래 가치를 일찍감치 파악한 기업은 미국 라디오공사(RCA)였다. 미국라디오공사의 회장 데이비드 사르노프는 "라디오로 듣는 대신 눈으로 본다는 의미를 가진 텔레비전이 정해진 수순을 따라 다가올 것으로 믿는다. …… 무선을 통한 움직이는 사진의 전송과 수신은 10년 이내에 현실로 다가올 것"이라며 텔레비전 사업에 적극적으로 투자했다. 이 과정에서 전자식 텔레비전을 발명한 판즈워스와 그의 기술을 모방해 텔레비전을 생산하려는 RCA 사이에 특허 관련 소송이 몇 년에 걸쳐 이어지기는 했지만, 1939년 뉴욕 세계박람회에서 텔레비전이 시연되며 상용화했다.

  텔레비전 방송을 처음 시작한 국가는 1935년의 독일이었다. 독일은 주 3회, 매일 1시간 30분씩 히틀러 선전 영상을 방송에 송출하며 나치당을 선전했다. 이후 1937년에는 영국의 BBC가 생기고, 1939년에는 미국의 NBC가 방송을 시작했다. 그러나 텔레비전의 확산과 상용화는 제2차 세계대전으로 인해 멈출 수밖에 없었다. 미국이 1941년에 제2차 세계대전에 참전하며 텔레비전 생산을 포함한 기계 공장들이 무기 공장으로 전환되었기 때문이다. 그래서 미국의 텔레비전은 전쟁 중에는 잠시 멈추었다가 전쟁이 끝난 1940년대 후반에 다시 생산해서 급속도로 판매되었다. 텔레비전의 판매 대수는 1946년에 8천 대에 그쳤지만, 불과 4년만인 1950년에는 700만 대로 급증했다. 당시 미국 가정의 절반이 텔레비전을 보유했다.

얼음을 집안에 들일 수 없을까
냉장고

 아침에 일어나서 시원한 물을 마시고 싶거나 출출할 때 언제든 자꾸 열어보는 집안의 필수품은 냉장고다. 냉장고는 맛있는 것이 가득 보관되어 있어 든든하고, 혹시 정전이라도 되면 가장 큰 걱정일 정도로 집안에서 중요한 존재다.

 냉장고가 없었던 옛사람들은 시원함을 위해 상당히 고생했다. 과거에 무언가를 시원하게 보관하려면 얼음밖에 방법이 없었다. 겨울에 생겨나는 차가운 얼음을 시원함이 필요한 더운 날에 사용하려면 높은 권력이 필요했는데, 중국 주(周)나라 때 제사에 얼음을 쓸 자격이 있는 고귀한 집안이라는 벌빙지가(伐氷之家)라는 성어가 있을 정도였다. 우리나라에도 석빙고라는, 얼음을 보관하던 유적이 있다. 석빙고라는 얼음 보관 창고는 대부분 강가에 있으며, 얼음을 채취하고 보관하기 위해 많은 관원을 두었다. 이들은 겨울에 강가에서 얼음을 채취하고, 더운 열이 잘 빠져나가고 한기가 유지되도록 만든 창고에 보관하며 1년 내내 얼음을 관리했다. 겨울에 따뜻해서 얼음이 잘 얼지 않으면 추위를 관장하는 북방신에게 제사를 지내기도 했다.

  과거 사람들은 얼음을 녹지 않게 사시사철 유지하기 위해 상당히 고생했다. 그 고생은 석빙고에 보관할 얼음을 만들 때부터 얼음을 사용할 고관에게 나르기까지 이어진다. 추운 겨울날 동원된 백성과 군인들은 강가의 얼음을 톱질해서 깨고, 얼음에 갈대를 덮어 얼음이 녹지 않게 한다. 또한 석빙고에서 얼음이 필요한 곳까지 옮길 때는 신속하게 옮겨야 하는데, 고려시대에 평양에 보관된 얼음을 개성까지 나르는 동안 얼음의 양이 많이 줄어든다면 볼기를 맞거나 감옥살이까지 해야 했다.

  안동 지역에는 낙동강에서 잡은 은어를 왕에게 올리기 위한 석빙고도 존재했는데, 얼음뿐만 아니라 귀한 식재료도 시원하게 보관하는 석빙고는 두꺼운 화강암으로 짓고, 흙과 잔디를 덮어 외부의 열이 석빙고 안으로 전달되지 않도록 설계했다. 또한 석빙고의 환기 구멍은 아래쪽이 넓고 위쪽은 좁은 직사각 기둥 모양으로, 이를 통해 석빙고의 문을 열었을 때 들어오는 더운 바람이 잘 빠져나갈 수 있다. 즉 자연스럽게 차가운 공기만 석빙고 내부에 남도록 하는 것이다. 또한 석빙고의 바닥 중앙에 경사진 배수로를 파서 얼음 녹은 물이 석빙고 바깥으로 흘러나가게 한다. 이로써 습기를 방지하고 녹은 물로 인해 얼음이 더 녹는 것을 막을 수 있다. 이런 원리로 만들어진 석빙고는 현대의 냉장고의 원리와 상당히 유사하다. 특히 외부의 열을 막는 단열재를 사용한 것, 내부의 열을 바깥으로 방출해 냉기를 유지하는 것, 습도를 조절하는 것이 그렇다.

동양의 석빙고처럼 냉기를 유지하는 장치가 서양에서도 필요했다. 산 정상에서 눈뭉치를 가져와 벽 사이에 넣고 포도주를 시원하게 저장하기도 했고, 19세기에 미국의 인부들이 호숫가에서 얼음을 잘라 다른 나라로 수출하기도 했다. 서양 사람들도 여전히 상자 뚜껑에 얼음을 넣어 상자 안의 냉기를 유지하는 방법으로만 냉장했다. 하지만 얼음은 겨울에 특정 장소에서만 채취할 수 있어서 필요한 곳까지 옮겨오기가 어려운 일이었다.

1748년, 영국의 과학자 윌리엄 컬런이 최초로 인공 얼음을 만들었다. 그는 액체가 기체로 바뀌는 과정에서 주변의 열을 흡수한다는 원리를 바탕으로 빠른 속도로 증발하는 물질인 에틸에테르로 인공 얼음을 만들었다. 그는 인공 얼음을 만드는 데 그쳤지만, 1800년대 여러 과학자와 발명가들은 각자 현대 냉장고의 요소를 이루는 것을 만들었다. 이후 1851년 해리슨은 저온 지역에서 열을 빼앗아 고온 지역으로 열을 배출하는 원리를 이용해 에테르를 냉매로 한 공기 압축식 냉장고를 선보였다. 그 뒤에도 에테르, 암모니아를 기반으로 한 냉매 냉장고가 개발되었다.

그러나 암모니아와 에테르는 냉매로 쓰기에는 위험했다. 에테르는 불이 붙기 쉬운 성질인 인화성 물질로, 공기와 섞이면 폭발적으로 연소할 수 있었다. 또한 에테르를 흡입하면 중추신경계가 억제되는 증상이 생겨 심할 경우 의식이 상실될 수 있었다. 그래서 냉매로 사용된 물질이 암모니아다. 암모니아는 열 흡수 능력이 크고 가격이 저렴해 가정과 산업용 냉장고로 사용되었다. 다만 암모니아도 누출되어 흡입하면 호흡기나 눈의 손상이 생기는 등 위험이 존재한다. 그래서 현재는 냉각 효율도 높고 온실가스 배출을 적게 하는 암모니아 냉매를 완전하게 밀폐해서 산업용 냉장고에서만 사용한다.

 1930년대부터 가정용 냉장고의 냉매로 사용된 것은 무색, 무취, 무독성의 프레온이다. 프레온 냉매는 20세기 가정용 냉장고의 보급과 함께 널리 사용되었으나 1970년대 후반에 프레온과 오존층 파괴의 연관성이 널리 알려지면서 친환경적인 냉매로 대체하는 노력이 계속되고 있다.

가사노동을 줄여준 해결사

세탁기

 집안일에 쓰는 시간을 가장 획기적으로 줄여준 가전제품은 무엇일까? 최근에는 집안일 3대 도우미로 식기세척기, 건조기, 로봇청소기를 주로 꼽지만, 인류의 역사를 통틀어 생각해보면 세탁기가 으뜸이다. 많은 연구에서도 세탁기가 여성의 가사노동 부담을 많이 줄여주었을 뿐만 아니라 여성의 사회활동 증가에도 영향을 미쳤다고 해석한다. 세탁기가 있는 현대에 빨래하려면 세탁물을 분류해서 세제와 함께 세탁기에 넣고, 세딕 종료 알림이 들리면 볕 좋은 곳에 빨래를 널거나, 건조기에 돌린 뒤 개어 수납하면 된다. 그래서 빨래는 집안일 중에서 비교적 쉬운 편에 속한다. 그러나 세탁기가 없다면 빨래는 하루 날을 잡아 종일 해야 하는 고된 중노동이다.

세탁기가 없는 과거에도 사람은 항상 옷을 입었고 대가족으로 살았던 만큼 한 명의 여성이 해야 했던 빨래의 양은 상당했다. 집안 내 여성들이 모여 빨래할 때면 빨랫감을 모두 들고 물을 쓸 수 있는 화장실로 가거나, 화장실이 없다면 물가로 가야만 한다. 가서 빨래에 때가 빠지도록 문지르고 밟거나 방망이로 두드리고, 깨끗한 물에 완벽하게 헹궈질 때까지 빨랫감을 메치고, 물기가 다 빠지도록 짜야 한다. 그리고 볕 좋은 곳에 널어야 한다. 날씨가 좋다면 이렇게 끝나겠지만, 겨울이라면 강이 얼어 있으니 물을 어디선가 길어 와서 따뜻하게 끓인 뒤에 빨래해야 했다. 그래서 빨래는 가사노동 중 가장 힘들고 시간이 오래 걸리는 일이었다.

당시 빨래를 도와주는 도구로는 방망이와 빨래판이 있었다. 빨랫방망이는 강가에서 돌에 빨랫감을 두들기면서 먼지와 때를 빼는 데 사용했고, 다듬잇방망이는 다듬잇돌 위에서 옷감의 구김을 펴고 광택을 낼 때 사용했다. 빨래판은 강가에서 빨래할 수 없는 겨울에 물을 길어 와서 빨래할 때 사용했다.

세제 역할을 했던 것은 잿물이다. 잿물은 지역에 따라 짚, 콩깍지, 뽕나무 등을 태운 재에 물을 부어 걸러낸 것으로, 주된 성분인 탄산칼륨은 현대의 비누에도 사용된다. 탄산칼륨은 강한 알칼리성을 띠며 기름때나 땀, 음식 얼룩을 지우는 데 효과적이다. 또한 세탁 시 미백 효과가 있어서 흰옷을 주로 입는 우리 민족에게는 최고의 세탁 세제였다.

다른 나라에서도 고대의 빨래 방법은 우리나라와 다르지 않았다. 다만 17세기 프랑스에는 라부아르라는 공동 빨래터가 있었는데, 현대적인 수도 시설이 없었을 때 개울가에 설치되어 마을의 아낙네들이 모여 빨래하던 곳이다. 이곳에는 잿물을 만들기 위한 굴뚝도 있었는데, 1850년대 파리를 재설계하는 과정에서 파리 정부가 지역 곳곳에 라부아르를 설치하도록 장려했다. 이곳은 프랑스 시민들의 위생을 위한 공간이자 여성들의 소통 공간이기도 했다.

이렇듯 빨래는 고된 노동이기 때문에 여럿이 함께 이야기를 나누며 힘듦을 잊으며 해야 했다. 그러나 18세기 산업혁명 이후 남성과 여성, 어린아이 할 것 없이 많은 이들이 공장에서 일하면서 여성 역시 집안일에 많은 시간을 할애할 수 없었다. 게다가 도시에 사는 사람이 많아지면서 맑은 물이 있는 개울이나 마당에서 빨래할 수가 없었다. 이런 불편 때문에 빨래를 도와주는 기계가 필요했다.

현대의 세탁기는 옷의 때를 빼내는 세탁, 헹굼, 탈수 기능을 갖추고 있는데, 1782년 영국인 헨리 시지가 고안한 세탁기는 세탁 기능만 있었다. 그의 세탁기는 나무로 된 원통에 회전시킬 수 있는 손잡이가 달려 있었는데, 물이 든 원통을 회전시켜 옷감의 때를 제거하는 방식으로 오늘날 세탁기의 원리와 유사하다. 이 방식으로 빨랫감을 밟거나 문지르던 힘든 일을 기계의 힘으로 해낼 수 있었다.

이후 19세기에는 여러 발명가가 박람회에서 세탁 성능을 선보이며 세탁기를 홍보했다. 대표적으로 드럼식 세탁기의 원조인 회전하는 빨래통을 개발한 제임스 킹, 옷의 엉킴을 방지할 수 있는 역회전 빨래통을 개발한 해밀튼 스미스, 단 5분 만에 셔츠 20장을 깨끗하게 세탁하는 회전식 세탁기를 개발한 마거릿 콜빈, 아내를 위해 가정에서 사용할 수 있는 세탁기를 개발한 윌리엄 블랙스톤 등 발명가들마다 다양한 형태의 세탁기를 만들어냈다. 이런 발전에 따라 1890년경에는 '여성의 친구'라는 상표의 세탁기가 판매되어 여성의 가사 부담을 줄여주기도 했다. 다만 물을 세탁기에 채우는 급수 장치가 없었기 때문에 양동이로 물을 세탁기 통에 쏟아 넣어야 했고, 헹굼이 끝난 후 물을 버릴 때도 직접 물을 퍼내야 했다.

　가정에서 전기를 사용하게 된 20세기에는 전기식 세탁기가 등장했다. 전기식 세탁기 특허를 누가 최초로 출원했는지는 분명하지 않지만, 초기 전기식 세탁기 가운데 하나인, 앨버 피셔의 '토르'가 1908년에 판매되었다. 작동 원리는 세탁 통 내에 설치된 회전 실린더가 전기로 돌아가면서 빨랫감을 섞고, 역회전하며 빨랫감이 엉키는 것을 방지하면서 빨랫감을 세탁하는 것이다. 이로써 빨랫감의 때를 빼기 위해 손잡이를 돌리는 일이 없어졌다. 다만 여전히 양동이에 물을 떠서 세탁기에 넣고 빼야 했으며, 세탁기가 작동되는 동안 물이 새는 일이 빈번해 누전의 위험이 있었다.

1930년대에는 누전 위험을 줄이면서 탈수 기능까지 포함한 세탁기가 등장했다. 대표적으로 벤딕스사에서 1937년에 출시한 자동 세탁기는 앞쪽에 유리로 된 문이 있어서 빨래 과정을 확인할 수 있고, 세탁과 헹굼, 탈수 과정을 자동으로 전환하는 기능이 있었다. 게다가 수도 밸브와 연결해 자동 급수와 배수가 가능했다. 이로써 세탁기가 빨래를 대신해주는 데 그치지 않고 세탁하는 동안 사람이 자유로운 시간을 가질 수 있게 해주었다.

현대의 세탁기는 세탁물의 종류에 따라 세심한 코스의 세탁이 가능한 형태로 발전했다. 또한 날씨와 습도에 영향을 받던 빨래 말리기 단계를 건조기로 제거해 언제든지 부드럽고 뽀송한 옷을 입을 수 있다. 최근에는 일체형 세탁건조기가 등장해 세탁부터 건조까지 사람의 손이 닿지 않고 모두 가전제품이 해내고 있다. 가전제품의 기능이 계속 발전하면 또 어떤 일을 덜어줄지 기대된다.

컴퓨터와 함께하는 친구

키보드·마우스

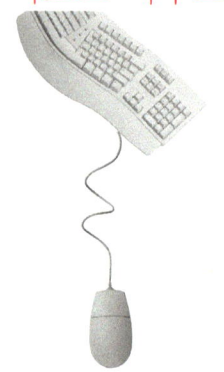

독수리 타법이라는 단어를 들어본 적 있는가? 영어로는 'Hunt and peck'이라고 하는 이 타법은 1990년대 PC통신에 익숙하지 않은 사람들이 키보드 자판을 칠 때 키보드에 시선을 고정하고 양손 검지손가락으로만 한 자 한 자 누르며 타이핑하는 것을 말한다. 물론 속도가 매우 느렸기 때문에 컴퓨터에 익숙하지 않은 사람들을 조롱하는 의미로 쓰였다.

1990년대부터 2000년대의 독수리 타법은 주로 나이 많은 사람에게서 나타났지만, 최근에는 어린 학생들에게서 나타나기도 한다. 내가 가르치는 학생들은 스마트폰과 태블릿에 익숙한 2010년대생인데, 이들은 학교 정보 시간 외에는 컴퓨터를 잘 하지 않는다. 컴퓨터에서만 되는 게임을 할 때나 PC방에서만 컴퓨터를 사용할 뿐 대부분은 스마트폰이나 태블릿을 이용한다. 어렸을 때부터 터치를 기반으로 하는 스마트폰과 태블릿을 사용하던 세대이기 때문에 컴퓨터 사용의 필요성을 느끼지 못하는 것이다. 그래서 스마트폰의 터치식 자판에 더욱 익숙해, 컴퓨터의 키보드를 사용할 때면 익숙하지 않아 종종 옛날 어르신들에게만 보던 독수리 타법을 구사하기도 한다. 하지만 업무와 학업을 위해서는 컴퓨터가 아직은 필수적이며 빠른 타자는 갖춰야 할 덕목이다. 1980~1990년대생은 학창 시절에 학교에서 타자 경진대회가 열려 타자를 빨리 치는 것을 연습하도록 했고, 타자 급수를 매기기도 했다.

데스크톱, 노트북이 개인용 컴퓨터로서 업무와 게임, 학업에 계속 사용되는 한 꼭 사용되는 것이 키보드와 마우스다.

키보드의 원형이 되는 타자기는 1867년에 발명되었다. 그 이전에도 기계로 글씨를 쓰려는 시도는 많이 있었지만, 대부분 사람이 쓰는 속도에 비해 느렸다. 신문사에서 일하던 미국의 크리스토퍼 숄즈는 인쇄소의 조판공들이 파업하자 기계로 종이에 빠르게 숫자를 쓰는 방법을 궁리하다가 자판, 활자봉, 잉크 리본으로 구성된 타자기의 원형을 발명했다. 이것으로 1866년에 특허를 받아 티켓이나 책에 숫자를 매기는 데 사용했다. 1867년에는 자판과 활자봉에 알파벳을 추가한, 더욱 실용적인 타자기를 만들었다.

크리스토퍼 숄즈와 아마추어 기계공인 카를로스 그리든이 합작해 1873년에 출시한 레밍턴 넘버 1 타자기는 상업적으로 성공한 최초의 타자기였다. 이 타자기는 쿼티식으로 자판을 배열했는데, 자주 쓰이는 알파벳이 가까이 붙어 있으면 빠르게 타자를 칠 때 활자봉끼리 충돌해 엉킴 현상이 발생했기 때문이다. 그래서 함께 자주 쓰이는 알파벳들을 떨어뜨려 배치하다 보니 맨 윗줄에 놓인 알파벳이 Q, W, E, R, T, Y였다. 그래서 이런 배열로 타자기를 출시했고, 지금도 쿼티 자판 방식이 사용되고 있다.

타자기가 컴퓨터와 만나게 되는 때는 숄즈의 타자기 발명으로부터 약 1세기 뒤의 일이다. 컴퓨터는 군사적 목적으로 쓰이기 위해 1946년에 미국 무어 전자공학대학에서 '애니악'이라는 이름으로 완성되었기 때문이다. 당시 컴퓨터로 하려고 했던 것은 전쟁(1946년은 제2차 세계대전 종결 이후로, 이 전쟁에 사용하려 했으나 개발이 늦어져 하지 못했다고 함) 중에 적군이 쏘아 올린 탄도 미사일의 궤도를 계산해 어디로 떨어질지 예측하는 것이었다.

초기의 컴퓨터는 거대한 계산기였다. 당시의 컴퓨터는 30톤의 무게에 달하고, 마을 하나가 사용하는 것에 맞먹는 150킬로와트라는 엄청난 전력을 사용하는 거대한 것으로, 군사용과 같은 특수 목적으로만 사용되었다. 이 컴퓨터에 데이터를 입력하는 방식은 펀치카드였다. 펀치카드는 두꺼운 종이에 펀치기로 구멍을 뚫어 컴퓨터의 언어인 0과 1의 이진법으로 데이터를 기록한 것이다. 컴퓨터에 이런 펀치카드를 인식시켜 명령어를 입력해 프로그램을 실행시키고 데이터를 전송해 적의 미사일의 궤도를 계산하는 것이 당시 컴퓨터를 활용하는 방법이었다.

1955년에 사용되던 미국 군용 항공 통제 시스템을 컴퓨터에 실행하기 위한 펀치카드는 무려 6만2,500장 규모였다고 한다. 그러나 이 6만2,500장의 펀치카드에 담긴 메모리는 총 4메가바이트(MB)밖에 안 되는데, 현재 우리가 스마트폰으로 찍은 사진 한 장의 용량과 같다. 이렇게 적은 용량이지만, 펀치카드로 컴퓨터에 인식시키기 위해서는 나흘이라는 시간이 걸릴 정도로 펀치카드의 사용은 비효율적이었다.

1963년에 출시된, 텔레타입사의 ASR-33은 펀치카드의 문제점을 해결해준 최초의 키보드라고 할 수 있다. 타자기처럼 생긴 이 키보드를 컴퓨터에 연결하면 타자기를 누를 때 전기 신호를 컴퓨터에 보내 입력할 수 있고, 컴퓨터의 연산 결과가 전기 신호로 키보드에 전달되어 종이에 출력 결과가 프린트되었다. 당시 컴퓨터는 우리에게 흔한 모니터라는 시각적인 장치가 없었기 때문에 타자기 형태의 키보드를 통해 전기 신호를 보내 입력하고, 컴퓨터는 전기 신호를 통해 답변했다. 이런 키보드의 발명으로 매번 프로그램 명령어를 읽히기 위해 펀치카드를 뒤지거나, 방대한 데이터를 컴퓨터에 입력하기 위해 펀치카드를 뚫는 수고를 덜 수 있었다.

1964년에 출시된 IBM 2260은 상용화된 모니터이자 키보드 단말기였다. 키보드로 컴퓨터에 데이터를 입력하면 모니터로 그 결과가 출력되는 컴퓨터의 입력과 출력 장치다. 입력과 출력을 타자기와 종이로 하던 텔레타입의 ARS-33보다 현대의 PC와 상당히 유사해졌다.

혹시 당시의 컴퓨터를 체험하고 싶다면, 컴퓨터를 켜서 입력창에 'cmd'를 쳐 명령 프롬프트를 실행시키면 된다. 그렇게 하면 검은색 화면이 나오는데, 그곳에 명령어를 입력시켜 사용하는 것이 초기의 컴퓨터 작동 방식이었다. 이처럼 당시 컴퓨터는 지금처럼 아이콘이나 이미지 위주의 운영 방식이 아닌, 검은색 화면에 명령어와 데이터를 입력해 출력값을 얻는 형식이었다.

비슷한 시기에 미국의 컴퓨터 엔지니어 더글러스 엥겔바트는 컴퓨터에 입력된 명령어나 데이터를 고칠 때 자판을 연거푸 눌러 고칠 곳으로 이동하는 것이 불편했다. 고치고 싶은 곳으로 한 번에 이동하는 방법을 생각해내던 그가 발명한 것은 마우스였다. 1968년 세상에 발표한 마우스는 나무 상자 아래쪽에 전기 신호를 보낼 수 있는 두 개의 바퀴가 달려 있고, 상자 윗면에는 빨간색 버튼이 달린 형태였다. 바퀴가 이동하며 X축과 Y축으로 마우스 커서의 위치를 전기 신호로 컴퓨터에 보내고, 사용자는 원하는 곳에 커서가 위치하면 빨간색 버튼을 눌러 입력값을 고치거나 새로운 내용을 자판으로 입력했다.

이후 컴퓨터가 문자 위주의 운영 방식에서 그림과 아이콘 위주의 GUI(그래픽 사용자 인터페이스)로 발전하면서 마우스는 컴퓨터 사용에 필수적인 도구가 되었다. GUI 방식은 현재 우리에게 익숙한 컴퓨터 운영체제인 애플의 맥과 마이크로소프트의 윈도우가 상용화하며 일반적인 컴퓨터의 운영 방식으로 자리 잡았다. 그래서 컴퓨터의 필수 구성품에 모니터와 키보드, 마우스가 포함된 것이다.

현재까지도 키보드와 마우스는 컴퓨터의 주된 입력 장치로 사용되고 있다. 앞으로 또 어떤 입력 장치가 등장할지는 아무도 예측할 수 없다. 음성인식과 터치 방식은 이미 실생활에 많이 쓰이고 있는 입력 장치이고, 몸을 움직이기 어려운 사람들을 위한 눈동자 추적 방식도 등장했기 때문이다. 또한 뇌파를 이용한 입력 방식도 현재 연구 단계에 있다. 앞으로는 사람이 마음속으로만 생각해도 컴퓨터에 입력하는 장치까지 나올 수도 있겠다.

세상을 쓰고 지우는 것
연필·지우개

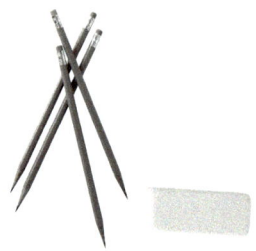

 실과 바늘, 책상과 의자와 같은 짝을 맞출 때 꼭 빠지지 않는 것이 있다. 바로 연필과 지우개다. 연필과 지우개는 왜 짝일까? 지우개가 지울 수 있는 것은 연필뿐이기 때문이다. 지금은 샤프, 볼펜, 화이트 등 다양한 용품이 있지만, 처음 글씨 쓰기를 배울 때 함께했던 것은 연필과 지우개다.

 무언가를 그리거나 쓰기 위해 사용한 도구 중 가장 오래된 것은 숯이다. 숯이나 목탄은 선사시대 사람들이 동굴 벽에 검은색으로 무언가를 그릴 때 사용되었다. 그 뒤에 나타난 것이 동양에서는 먹, 서양에서는 잉크로 불리는 일종의 그림물감이다. 목탄, 황화철 등을 섞어 만든 것으로 양피지나 종이에 색깔이 스며들도록 해서 붓이나 깃펜으로 기록했다. 그러나 이런 잉크와 먹은 잘못 기록했을 때 지우기가 쉽지 않고, 완성된 내용이 물에 닿으면 번지거나 사라질 수 있다는 단점이 있다. 그래서 등장한 것이 고칠 수 있지만 쉽게 지워지지 않는 필기구, 연필이다.

연필은 흑연이 발견되면서 시작되었다. 16세기 영국의 시스웨이트펠 지역에서 광대한 양의 순수 흑연이 발견되었는데, 이곳의 흑연은 순도가 매우 높아 검정 자국을 남기기 좋았다. 가공도 잘 되어 사각형 긴 막대 형태로 잘라 사용했던 흑연은 깨지기 쉽고 사용하면 사람의 손을 더럽힌다는 단점이 있었다. 그래서 1660년대에 나무 조각 사이에 흑연을 꽂은 연필의 원형이 등장했다. 독일 뉘른베르크의 식료품 상인이던 프리드리히 스테들러는 1662년경부터 가공한 나무 사이에 가공한 흑연을 넣어 연필을 제조했다.

가내수공업 형태인 스테들러의 연필은 소량으로 만들어 판매하는 형식이었는데, 독일 뉘른베르크 의회는 스테들러의 제조 및 판매 행위를 금지하기도 했다. 스테들러가 연필을 만들려면 나무와 흑연을 모두 다뤄야 했는데, 당시 뉘른베르크에는 목공업사 길드와 금속 장인 길드가 따로 있었기 때문이다. 두 개의 길드가 각자 영역을 나눠 하던 일을 스테들러가 혼자 하자 당연히 길드와 의회의 지적을 받은 것이다.

하지만 스테들러는 꾸준히 자신의 연필을 만들었고, 연필을 만들 때는 목공과 흑연 가공을 혼자 하는 것이 효율적이라는 점을 인정받아 1675년부터 문제없이 연필을 만들었다. 이후로도 스테들러 가문은 연필 생산에 몰두했고, 그의 증손자인 요한 세바스찬 스테들러는 1834년에 색연필이라는 새로운 도구를 만들어 현재까지 이어지는 필기도구 회사 스테들러의 기초를 닦았다.

그러나 영국의 순도 높은 흑연이 다른 나라로 유출되자 1752년 영국 의회는 흑연 생산지인 시스웨이트펠에서 흑연 절도에 대해 구금형을 내리는 법을 통과시켰다. 그러자 다른 국가들에서는 순도 높은 흑연을 구하기 어려워졌고, 결국 저급한 흑연으로 만든 연필을 사용했다. 저급한 연필은 부러지기 일쑤였다. 18세기 후반에 활동한 발명가 니콜라스 자크 콩테는 공원에서 자꾸 부러지는 연필에 짜증을 내는 화가를 보았다. 그 모습을 보며 흑연의 품질이 좋지 않아도 부러지지 않는 연필을 만들 방법을 고민하던 중 흑연을 더욱 단단하게 만드는 방법을 생각해냈다. 흑연을 찰흙과 섞어 반죽해서 굽는 것이었다. 구운 흑연 막대기를 나무 막대의 홈에 끼워 사용했더니 잘 부러지지 않고 일정한 강도를 유지할 수 있었고, 이에 1795년에 흑연을 반죽해 잘 부러지지 않는 연필에 대한 특허를 얻어냈다. 콩테가 만든 연필이 현재의 연필까지 이어지고 있다.

그렇다면 연필의 단짝 지우개는 누가 언제 발명했을까? 고무로 된 지우개는 1772년 영국의 화학자 조지프 프리스틀리가 만들었다. 즉 연필의 사용과 지우개의 탄생 사이에는 100여 년의 시간적 간격이 있는 것이다.

연필이 발명되기 전에는 어떻게 연필 자국을 수정했을까? 그

것은 생각보다 우리 주변에 있는 물건으로 할 수 있었는데, 바로 빵이었다. 연필은 흑연 가루가 종이에 묻어나면서 글자를 새기는 방식으로, 빵은 부드러운 연마제와 흡착제 역할을 해서 종이에 새겨진 흑연 가루를 제거할 수 있었다. 놀랍게도 빵은 유럽에서 오랫동안 지우개처럼 사용되었는데, 〈천지창조〉, 〈최후의 심판〉과 같은 미켈란젤로의 대작이 그려진 시스티나 성당 벽화의 복원 기록을 보면 1625년에 빵을 이용해 먼지와 그을음을 제거했다는 사실을 알 수 있다. 이처럼 무언가를 지우기 위해 빵을 사용하는 것이 익숙했기 때문에 연필 자국을 지울 때도 빵을 이용한 것이다.

그러나 빵을 지우개로 사용하는 데는 불편한 점이 있었는데, 연필 자국을 지우기 위해 빵을 문지르면 빵이 자꾸 부스러져 계속 사용하기가 어렵다는 점이다. 게다가 연필 자국을 지우려면 빵이 너무 촉촉하지도 않고 너무 마르지도 않은 적당한 상태로 유지되어야 하는데 현실적으로 빵의 상태를 항상 일정하게 유지하기가 어려웠다.

이런 불편함을 해소할 물건을 조지프 프리스틀리가 발견해냈다. 그는 왕립증권거래소 맞은편에 있는 수학 기구 상점에서 고무라는 물질을 샀는데, 고무가 종이에 새겨진 흑연 자국을 지우는 데 아주 적합했다고 기록했다. 사실 그는 공기에서 산소를 발견한 과학자로 더 유명하지만, 문구의 역사에서는 고무를 지우개로 사용할 길을 열어준 사람이다. 이때 사용된 고무는 천연고무였고, 쓰임새에 따라 '문질러 지우는 도구'라는 뜻의 rubber도 rub(문지르다)이라는 단어에서 유래했다. 1770년에는 영국의 엔지니어 에드워드 네언이 고무지우개 조각을 3실링에 판매하며 상업화하기도 했는데, 사실 천연고무는 냄새가 심하고 끈적거리는 성질 때문에 지우개로 사용하기에 불편했다.

고무지우개는 1839년이 되어서야 끈적이지 않고 냄새도 나지 않을 수 있었다. 바로 미국의 화학자 찰스 굿이어의 고양이 덕분이었다. 고무를 실험하던 그는 점심을 먹으러 나갔다가 실험실로 돌아왔는데, 그의 고양이가 실험 대상이던 고무 덩어리를 가지고 놀고 있었다. 그는 고양이를 쫓아냈는데, 그만 고양이가 책상 위에 있던 분말 유황 캔을 뒤엎었고, 고무 덩어리는 유황 가루를 뒤집어써서 흰 가루 범벅이 되어버렸다. 실험을 망쳐 화가 난 굿이어는 난로 옆에 있던 고양이에게 흰 고무 덩어리를 던져버렸고 고무 덩어리는 난로 옆에서 가열되었다. 유황 가루를 덮어쓴 고무 덩어리는 난로의 열로 인해 딱딱해졌고 끈적이는 성질이 없어졌다. 이로써 굿이어는 고무에 황을 가해 가열함으로써 고무를 쉽게 가공할 방법을 알아냈고, 1844년에 고무 가황법에 대한 특허를 얻어냈다.

사실 고양이에 대한 일화는 사실 여부와 관계없이 재미있는 에피소드로 전해져 오고 있지만, 찰스 굿이어가 천연고무를 다양한 곳에 활용하는 방법을 찾아낸 사람이라는 사실은 틀림없다. 게다가 그가 죽은 뒤로부터 약 38년 후에 그의 이름을 딴 타이어 회사가 세워져, 지우개보다는 고무 타이어와 관련해 더 널리 알려져 있다. 그러나 그가 발견한 가황법을 통해 스테들러, 파버 카스텔과 같은 문구 회사에서 끈적끈적하지 않고 탄력 있는 지우개를 판매했기 때문에 찰스 굿이어는 사람들의 편안한 필기 생활까지 가능하게 한 위대한 발명가다.

이처럼 우리 삶에 가까이 있는 연필과 지우개조차 발명되는 과정에서 우연한 발견도 있었고, 불편함을 개선하기 위한 고민과 노력의 흔적도 있었다. 이 세상의 많은 것이 이미 완성된 형태로 보이더라도 개선점을 찾아내고 새로운 기술을 만들어낼 빈틈은 항상 있다. 연필과 지우개의 발명처럼 현재 상태를 당연하게 받아들이지 말고 무엇이든지 새롭게 궁리하고 만들어보기를 바란다.

다르게 보면 역사가 바뀐다

포스트잇

 새 학년을 맞아 새로운 학생들과 우리 반 교실에서 만나는 첫날, 항상 하는 활동이 있다. 학생들에게 포스트잇 여러 장씩 나눠 주고, 제한 시간 동안 돌아다니며 처음 보는 친구와 대화하고 그 친구에 대한 첫인상을 적어 등에 붙여주는 활동이다. 제한 시간이 끝나면 자기 등에 어떤 내용의 말이 붙어 있을까 기대하는 표정의 학생들을 보는 것이 즐겁다. 이 활동을 통해 처음 보는 친구들과 말문을 트고, 포스트잇에 적힌 긍정적인 피드백을 받으며 활기차게 새 학년을 보낼 자신감을 얻을 수 있다.

 이런 포스트잇은 수업 상황뿐만 아니라 일상과 업무 모두에서 널리 사용되는 물건인데, 포스트잇의 발명은 의외로 실패로부터 시작했다.

1902년에 미국에서 설립한 3M은 미네랄 사업을 하는 회사였는데, 미네랄 사업에 실패한 후 사포를 주력으로 생산하며 성장했다. 방수 사포, 스카치테이프 등을 생산하며 1920년대에는 테이프의 대명사로 자리매김한 3M은 1960년대부터 사무용품 등을 만들기 시작했다. 1968년, 3M의 연구원으로 재직 중인 스펜서 실버는 아주 강력한 접착제를 개발하고 있었다.

일반적인 접착제는 붙이려는 표면과 결합하도록 접착제의 분자들이 평평하게 밀착되며 넓은 면적에 고르게 달라붙는다. 그런데 그가 새롭게 개발한 마이크로스피어라는 접착제는 마이크로미터 직경의 작은 구슬 모양의 입자로 되어 있고, 접착할 때 각 구슬의 면적만큼만 접착 면에 붙어 접착력이 약했다. 그래서 오히려 접착력이 강하지 않고, 접착하려는 곳에 압력을 주어야 접착되었다. 그런데 접착제 입자가 변화되지 않기 때문에 접착 면에서 떼어낼 때도 접착제가 묻어나거나 끈적이는 일이 없었다. 즉 압력을 가하면 접착은 되지만, 떼어냈을 때 접착 면에 아무런 손상이 없는 것이다. 그는 자신이 개발한 특이한 접착제를 어떻게 사용해야 좋을지 수년간 고민하고, 동료들에게도 자신의 접착제를 자랑했다.

이 특이한 접착제가 쓰임을 다할 곳을 찾은 사람은 또 다른 3M 개발자인 아트 프라이다. 그는 교회에서 성가대 연습할 때 다음에 부를 찬송가를 종잇조각으로 표시해두곤 했는데, 며칠이 지나면 그 종잇조각들이 사라져 항상 곤란을 겪곤 했다. 그는 찬송

가집의 종이를 훼손하지 않으면서도 눈에 띄는 책갈피 역할을 할 도구가 필요했다. 그러던 중 회사 세미나에서 마이크로스피어에 대해 들었던 것을 떠올리며 유레카를 외쳤다. 아트 프라이는 그때를 회상하며 "아드레날린이 솟구치는 순간이었다"라고 했다. 그는 스펜서 실버와 함께 협력하며 페이지를 손상하지 않으면서도 붙였다가 뗄 수 있는 책갈피이자 접착 메모지, 즉 현재도 사용되는 포스트잇의 원형을 개발했다. 스펜서 실버가 마이크로스피어를 개발한 뒤 약 6년 뒤인 1974년의 일이다.

그렇게 만들어진 접착 메모지는 'Press 'n' Peel', 즉 '누르고 떼세요'라는 이름으로 미국의 4개 도시에서 출시되었다. 3M 회사 내부에서는 이 접착 메모지에 대한 반응은 아주 좋았지만, 소비자들에게는 그렇지 못했다. 소비자들은 이것을 왜 사용해야 하는지, 어떤 경우에 사용해야 하는지 잘 몰랐기 때문에 매출이 저조했다.

하지만 이 접착 메모지의 가능성을 굳게 믿고 있던 3M은 매출 저조는 제품이 아닌 마케팅 문제라고 생각하고 대규모 마케팅을 펼쳤다. 제품 이름도 '어디든 붙이세요'라는 의미의 'Post it'으로 변경했다. 이들은 사무실, 회사 등에 포스트잇 제품 샘플을 대규모로 나눠 주는 마케팅을 했다. 사용하지 않았을 때는 몰랐지만, 포스트잇을 한번 사용해보면 실생활 속 소소한 편리함이 느껴진다. 그래서 포스트잇을 체험한 소비자들의 90퍼센트가 이 제품을 구매할 의향이 있다고 답변했다.

이후 3M은 붙였다가 뗄 수 있는 접착 메모지의 형태를 다양한 색상과 크기로 출시하며 메모지, 쪽지, 책갈피로 쓰였다. 최근에는 여러 사람이 함께 작성할 수 있는 큰 종이 형태로도 출시되어 아이디어 회의와 수업 등 다양한 곳에서 꾸준히 쓰이고 있다.

상거래와 물류의 혁신적 해결책

포스기 · 바코드

 최근 관광지의 유명 시장과 지역 축제에서 관광객에게 터무니없는 가격에 물건을 파는 바가지 물가 논란이 뉴스에 자주 나온다. 실제로 2025년 한국경제인협회가 발표한 '국내·해외여행 선호도 조사'에 따르면 국내 여행에 대한 만족도 조사가 해외여행보다 낮았다. 불만족의 이유로는 높은 관광지 물가가 1위로 손꼽혔다. 그래서 정부에서는 국내 여행에 대한 이미지를 좋게 바꾸기 위해 바가지요금을 점검하고, 지역 시장에서는 가격정찰제를 시행하도록 노력하겠다고 발표했다. 물건을 살 때 상인에게 물어보지 않아도 그 물건의 가격을 아는 것은 소비자가 합리적인 소비를 할 수 있게 도와주지만, 가격이 얼마인지 모르면 상인에게 물어보았다가 괜히 거절하지 못해 불만족스러운 소비를 하게 되는 것이다. 이런 불만을 해소할 수 있는 가격정찰제는 포스기와 바코드 덕분에 안정적으로 정착될 수 있었다.

과거 사람들은 시장에서 물건을 살 때 어떻게 했을까? 그 방식을 알아보려면 세계에서 가장 유서 깊은 시장으로 손꼽히는 튀르키예의 그랜드 바자르를 살펴보면 된다. 1461년 오스만제국은 당시 실크로드의 종착지이자 지중해 무역의 출발점인 이스탄불에 그랜드 바자르를 설립했고, 이곳은 세계 무역의 중심지 중 하나가 되었다. 그랜드 바자르의 전통적인 거래 방식은 바로 흥정이다. 손님이 물건을 보고 상인에게 가격을 물어보면 흥정이 시작되는데, 대개 상인은 높은 가격을 부르고 손님은 상인에게 가격을 제안하면서 적정선으로 거래하는 것이다. 이 방식은 지금도 유지되고 있어서 그랜드 바자르를 방문하는 관광객들은 흥정을 대비해야 한다.

이처럼 흥정 방식은 소비자에게는 거래가 합리적으로 이루어진 것인지 알 수 없어 찜찜한 마음을 갖게 하고, 흥정이 이루어지는 동안 싸움이 발생할 위험도 있었다. 또한 상점 주인도 물건마다 다른 가격에 판매하기 때문에 당일의 매출이 얼마인지 계산하기 어렵고, 물건의 재고 파악도 직접 세어봐야 가능했다.

당일의 매출이 얼마인지 몰라 곤란에 처했던 사람이 있었는데, 그는 1871년 미국 오하이오주에 주점을 연 제임스 리티다. 그는 매출액에서 자꾸 돈을 훔치는 직원 때문에 골머리를 앓고 있었다. 자꾸 횡령하고, 친구들한테 공짜 술을 나눠 주는 직원을 어떻게 해결할까 고민하던 그는 1878년 증기선을 타고 유럽으로 휴가를 가던 중 선박 프로펠러의 회전수를 기록하는 장치를 보고 아이디어를 떠올렸다. 집으로 돌아와서 손재주가 좋은 그의 형과 만든 발명품이 바로 '리티의 청렴한 계산원'이라는 금전등록기다. 사용 방법은 손님이 돈을 내면 계산원은 숫자가 적힌 키를 눌러 매출액을 입력하고, 숫자를 누르면 기계 전면에 커다란 시계처럼 생긴 부분에 그날의 총매출액이 합산되어 표시되는 형태였다. 또한 매출이 등록될 때마다 기계에서 종소리가 울려 매출이 발생했음을 알 수 있었다.

리티와 그의 형은 1879년에 금전등록기에 대한 특허를 출원했고, 그날의 수익과 기계에 표시된 매출액을 비교해 직원의 횡령을 막을 수 있었다. 이후 금전등록기의 사업성을 알아본 사람들이 이를 발전시키면서 잠금 기능이 있는 서랍이 추가되었고, 금전등록기를 통해 매출 확인과 수익금 보관이 가능해졌다. 과거의 금전등록기는 현재 POS 시스템으로 발전했다. point of sale의 약자인 POS는 '판매 시점의 정보'라는 뜻으로, POS 기계를 통해 관리할 수 있다.

총매출액을 알려주고 돈을 보관하던 금전등록기가 상품의 가격, 재고 관리, 영수증 발행 등의 기능까지 모두 갖춘 것은 바코드의 발명 덕분에 가능했다. 1948년에 한 슈퍼마켓 사장이 공과대학 학장에게 계산대에서 물건의 정보를 자동으로 수집하는 방법을 개발해 계산대의 줄을 빨리 줄어들게 해달라고 요청했다. 당시 학장은 이를 거절했지만, 이 이야기를 들은 대학원생 버나드 실버와 노먼 조셉 우드랜드는 꽤 활용성 있겠다고 생각해 여러 아이디어를 구상해보았다. 플로리다의 해변을 거닐며 모스부호가 정보를 전송하는 방식을 생각하던 우드랜드는 점과 선으로 이루어진 모스부호의 표시를 얇은 선과 두꺼운 선으로 표시하는 아이디어를 생각해냈다. 모스부호의 경우 점과 선을 가로로 이어 쓰기 때문에 정보를 표시하는 데 넓은 공간이 필요했지만, 세로로 얇은 선과 굵은 선으로 정보를 담는다면 면적이 적게 필요해 제품에도 표시할 수 있기 때문이다.

그렇게 우드랜드가 처음 생각한 바코드는 현재와 같은 직사각형이지만, 당시의 기술로는 이 바코드를 읽어낼 수 없었다. 바코드를 스캔해서 정보로 변환하려면 500와트의 전구와 특수한 컴퓨터가 필요한데, 슈퍼마켓에 그것들을 구비하기가 어려웠다. 또한 직사각형 모양의 선형 바코드는 정확한 각도에서 스캔해야 정보가 입력되었기 때문에 우드랜드는 어느 방향에서나 읽을 수 있는 동심원 모양의 바코드도 만들었다. 이들은 1952년에 선형과 동심형 모양으로 기록하고 판독해내는 바코드 특허를 취득했지만, 당시에는 바코드를 스캔할 레이저와 정보를 처리할 소형 컴퓨터 기술이 발달하지 않았기 때문에 상용화될 수는 없었다. 또한 동심원 모양의 바코드는 인쇄된 후 번지는 일이 잦아 판독하기가 어렵다는 단점도 있어 좋은 기술이었지만 실제 사용하기에는 제약이 많았다.

바코드는 1960년에 과학자 시어도어 메이먼이 태양보다 밝은 레이저를 개발하면서 상용화되었다. 어마어마하게 밝은 빛을 내는 레이저는 검은색 선과 하얀색 바탕으로 이루어진 바코드를 읽어내는 데 사용되었다. 또한 1970년대에는 미국라디오공사(RCA)에서 계산대에 컴퓨터를 적용하는 연구가 이루어졌다. 이런 연구와 개발을 통해 스캐너가 읽어낸 제품 바코드의 정보를 계산대 속 컴퓨터로 전달해서 제품명과 가격을 파악할 수 있게 되었다. 역사적인 첫 바코드 스캔은 1974년 미국 오하이오주의 한 슈퍼마켓에서 껌 한 팩의 바코드를 스캔한 것이다. 이로부터 재고 관리 기능, 영수증 발행 기능, 카드 결제 기능 등이 추가되어 발전한 것이 현재도 사용하는 POS 시스템이다.

우드랜드가 고안한 바코드는 전 세계의 국가들이 국가 고유번호, 제조사의 고유번호를 부여해서 총 13자리의 숫자로 나타내며 사용되고 있다. 또한 스마트폰이 발달하면서 가로와 세로 방면에 정보를 담는 QR코드도 개발되며 더 많은 정보를 간편하게 기록하고 전송할 수 있게 되었다.

고대부터 사용한 보안의 역사

도어록

어릴 적 나와 같은 또래들은 항상 목걸이를 하고 다녔다. 열쇠 목걸이였는데, 지금의 키패드 식 도어록이 없던 시절에는 열쇠가 있어야만 집에 들어갈 수 있기 때문이었다. 열쇠 목걸이를 챙기지 않았는데 집에 어른도 없다면 집 앞이나 놀이터에서 가족이 집에 올 때까지 기다리거나, 옆집 할머니 집에서 기다려야 했다. 집마다 도어록이 설치된 지금은 볼 수 없는 풍경이지만, 집에 들어가지 못해 불편하기보다는 놀이터에서 모르는 친구들과 우연히 만나 놀기도 하고 이웃집 사람들과 친해질 수 있어서 오히려 즐겁기도 했다.

인류가 문단속하기 시작한 시기는 사유재산이 생기고 나서일 것이다. 지켜야 할 개인의 재산이 없는 데다가 생존하기에도 어려웠기 때문에 굳이 잠금장치까지 할 필요는 없었다. 그러나 지켜야 할 것이 생긴 이후에는 문단속을 해야 했다. 주로 나무로 된 문을 안에서 걸어 잠글 때는 나무 문의 손잡이 사이에 두꺼운 나무 막대나 쇠 막대를 걸쳐두는 빗장이 사용되었지만, 문 바깥에서 문단속하기 위해서는 자물쇠가 필요했다.

가장 오래된 자물쇠로 추정되는 유물은 고대 국가 아시리아의 유적에서 발견되었지만, 정확한 구조를 알 수 있는 자물쇠는 기원전 2천 년경에 사용된 것으로 추정되는 이집트의 것이다. 이집트의 자물쇠는 나무로 된 문에 황동으로 된 열쇠를 나무 구멍에 넣고 그 내부의 황동 핀을 들어 올려 잠금장치를 움직이는 방식으로 사용되었다. 나무로 된 자물통에 황동 재질의 열쇠와 핀으로 이루어진 것으로, 주로 문에 부착된 형태였다.

로마 시대에는 패드록이라는 형태의 자물쇠가 사용되었는데, 패드록의 대표적인 유물은 3~4세기에 사용된 것으로 추정되는 약 3~7센티미터의 직사각형 형태의 청동 자물쇠다. 패드록은 다양한 크기로 제작되어 집의 문을 걸어 잠그거나 상자를 잠그는 데 사용되었을 것이다. 우리나라에서 발견된 자물쇠 유물 중 가장 오래된 것은 백제의 부소산성에서 출토된 ㄷ자형 자물쇠다. 우리나라에서는 이처럼 ㄷ자 모양의 자물쇠가 주로 쓰였는데, 측면에 열쇠 구멍이 있고 문고리와 못에 연결해 문을 잠그는 역할을 한다.

그러나 중세 시대까지도 자물쇠로 문단속을 철저하게 한 곳은 성문이나, 종교적 중요 물품이 많은 수도원 등이었고, 조선 시대 우리나라에서도 성문이나 관공서를 제외하고는 문단속에 철저하지 않았다. 그 이유는 계급이 높은 가문의 경우 문을 지키는 머슴이 있었기 때문이다. 높은 신분의 저택에는 대문과 연결된 행랑채가 있었는데, 그곳에 머무는 머슴들이 대문 밖의 상황을 보고 낯선 방문객이 찾아왔을 때 대응했기 때문에 별도의 문단속이 필요하지 않았다. 그래서 잠금장치를 대문에 부착하기보다는 장군목이라 불리는 빗장을 걸어 집안에서 문단속했다. 일반 평민들의 경우 공동체 사회의 신뢰를 바탕으로 살았기 때문에 철저하게 문단속하지 않았다. 주로 밤중에 누군가가 침입하는 것을 막기 위해 문고리를 걸어 놓았고, 귀중품은 작은 상자에 자물쇠로 잠가 두는 정도로만 재산을 지켰다.

서양과 우리나라 모두 근대 이전에는 도어록 형태의 문단속보다는 자물쇠로 상자를 잠그거나 성문을 잠그는 형식의 문단속이 주로 이루어졌다. 이에 따라 중세 유럽에서는 자물쇠 장인들도 존재했는데, 초반에는 대장장이 길드에 속해 자물쇠를 제작했지만, 점차 정교하고 세밀한 자물쇠를 제작하며 전문성이 강화되자 자물쇠 장인들만의 길드를 만들기도 했다.

잠금장치는 근대에 들어 은행이 등장하면서 더욱 발전했다. 현재도 자물쇠 회사로 번영 중인 예일록은 1840년대에 은행 금고용 잠금장치를 전문으로 제작하며 성장했고, 1850년대에는 위조가 어려운 새로운 방식의 자물쇠를 개발해냈다. 기존의 자물쇠는 나무나 금속으로 이루어진 자물통에 긴 열쇠를 꽂으면 자물통 내부의 핀이 들어 올려져 자물쇠가 열리는 구조였기 때문에 긴 쇠막대나 간단한 도구만으로 쉽게 열 수 있었다. 그러나 예일록의 새로운 자물쇠는 현대의 자물쇠처럼 열쇠와 자물통 내부의 홈 깊이가 각각 다르게 되어 있었고, 자물통 내부의 핀도 다양한 길이로 배치되어 있었다. 또한 자물통 내부의 핀은 내장된 스프링이 항상 압력을 가하고 있어서 정확한 열쇠가 핀과 맞아야 스프링으로부터 핀을 움직여 자물쇠를 열 수 있었다. 게다가 열쇠의 홈과 자물통 내부의 핀의 구성을 다양하게 구성하며 무수한 경우의 수로 자물쇠를 조합할 수도 있었다. 이런 예일록에서 개발한 핀 텀블러 형식의 자물쇠는 현재도 사용되고 있으며, 예일록은 자물쇠뿐만 아니라 전쟁 중 총기, 금고 등 여러 가지 제품을 생산하며 현재까지 보안 관련 업계에서 중요한 위상을 차지하고 있다.

 그런데 앞서 어린 시절의 열쇠 목걸이를 꼭 지녔어야 한 것처럼 예일록의 잠금장치는 열쇠가 꼭 필요했고 열쇠를 잃어버리면 난감한 상황에 놓였다. 열쇠 없이도 잠금장치를 사용할 수 있는 다이얼 방식의 자물쇠는 고대 로마의 무덤에서부터 발견되었다. 작은 상자를 잠그는 데 쓰인 이 자물쇠에는 여러 다이얼이 부착되어 있었고, 다이얼들을 맞게 조합해 잠금을 푸는 방식으로 사용되었다.

 그러나 당시의 다이얼 방식의 잠금은 숫자나 문자가 적힌 디스크 내부에 파인 홈이 올바른 조합으로 정렬되어야만 열리는 방식이기 때문에 처음 정해진 비밀번호를 바꿀 수가 없었다. 미국의 사업가 제임스 사전트가 1857년에 비밀번호를 바꿀 수 있는 다이얼 자물쇠를 개발해 이런 불편함을 해결할 수 있었다. 그의 새로운 자물쇠는 은행이나 개인이 비밀번호를 주기적으로 바꿀 수 있게 해서 보안이 더욱 강화되었고, 비밀번호가 유출되더라도 자물쇠를 바꾸는 것이 아니라 비밀번호만 바꾸면 되어 상당히 편리했다. 그가 설립한 자물쇠 회사는 이런 개발에 힘입어 1869년에 미국 재무부에 금고 잠금장치를 공급하는 계약을 체결했고, 1874년에는 감옥 잠금장치를 생산해 주요 자물쇠 업체 중 하나가 되었다.

이처럼 잠금장치가 발달하고 많은 사람이 밀집해 도시 노동자로 살면서 각 집마다 문단속하는 경우가 많아졌다. 이에 따라 예일록의 은행 금고에서 사용되던 장치들을 가정에서도 사용했고, 최근에는 열쇠 형식의 불편함으로 인해 키패드 형태의 도어록이 주로 사용되고 있다. 범죄 예방과 더욱 강력한 보안을 위해 도어록도 계속해서 새로운 형태로 발전하고 있다.

전쟁 때문에 대박 난 필수품
면도기·쉐이빙 폼

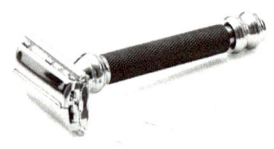

　피부과는 여성들이 주로 가는 곳이라는 인식과 달리 남성들도 이제 피부과의 주된 고객이다. 2025년 국내의 한 카드 회사에서 발표한 소비 리포트에 따르면 피부과에서 100만 원 이상 결제한 30대 남성이 2023년 대비 약 74퍼센트 증가한 것으로 나타났다. 남성들이 피부과에서 주로 시술받는 항목 중에는 레이저 제모가 있다. 인중과 턱의 수염을 면도하는 것을 넘어 아예 수염이 나지 않게 하려는 것이다. 동양권에서는 수염이 남성의 상징이자 부모님께서 물려주신 신체의 일부로 여겨 면도하지 않았지만, 메소포타미아나 이집트, 로마 등 고대 도시에는 일상적으로 면도를 했다.

　4천 년 전에 만들어진 이집트 무덤에서는 면도에 쓰인 것으로 추정되는 순금과 구리로 된 면도날이 발견되었다. 이렇게 오래 전에도 면도한 이유는 생활하는 데 불편했기 때문이다. 현대 사람들도 긴 수염은 위생상의 문제가 생기는데, 과거 사람들은 더했다. 더운 기후에서 땀이 나면 땀이 수염에 스며들고, 수염의 청결을 유지하지 않으면 수염 안에 이나 벼룩과 같은 벌레가 살기도 했다. 또한 음식을 먹을 때 수염에 묻기도 하면서 주변 사람들에게도 더러워 보일 수 있다. 그래서인지 선사시대에도 조개껍데기, 상어 이빨, 돌조각 등을 사용해 너무 길어진 수염을 끊어내곤 했다. 심지어 메소포타미아 지역에 살던 수메르인들은 수염을 자르는 데 그치지 않고 깔끔한 얼굴을 위해 족집게를 개발했다. 깔끔한 얼굴을 위해서라면 수염을 하나하나 뽑아내는 고통도 견뎌내곤 했는지 수메르인들의 유적에는 족집게가 꽤 많이 발굴되었다.

고대 그리스인들은 수염을 기르곤 했다. 아리스토텔레스, 소크라테스, 플라톤 등 고대 그리스 철학자의 조각상들은 당시 그리스 남성들의 모습을 보여주는데, 대부분 잘 관리된 수염을 멋스럽게 길렀다. 다만 고대 그리스의 여러 격언을 담은 격언집에는 알렉산드로스 제국 시기에 알렉산더 대왕이 군인들에게 면도하도록 지시한 일이 나와 있다. 전투 중 적군에게 수염이 잡혀 공격당할 것을 우려해 병사들에게 면도하도록 지시한 것이다.

로마 시대가 되면 수염이 없는 깨끗한 얼굴이 높은 계급과 부유함의 상징이 된다. 그래서 로마 시대의 카이사르, 옥타비아누스와 같은 지위가 높은 사람의 조각상을 보면 수염 없이 깔끔한 얼굴로 표현되어 있다. 이를 통해 로마인들은 수염 없는 모습을 이상적인 외모로 지향했다는 것을 알 수 있다. 당시 면도에 사용되던 도구는 청동, 철, 은과 같은 금속 칼이지만, 스스로 면도하기는 어려웠다. 혼자 수염을 잘라낼 정도로 정교한 칼날을 만드는 기술력이 부족했기 때문이다. 그래서 당시에는 면도를 담당하는 이발사가 생겨났고, 부유하거나 높은 계급의 사람은 개인 이발사를 두기도 했다. 당시 면도 기술이 뛰어난 이발사는 장인과 같은 대우를 받았지만, 비누도 없이 칼만으로 면도하다 보니 상처가 날 수밖에 없었고, 당시 이발사들은 상처를 치료하기 위한 연고까지 제작했다. 개인 이발사가 없던 로마의 평민들은 공중목욕탕에서 면도하거나 족집게로 수염을 뽑으며 외모를 관리하기도 했다.

중세 유럽에는 종교적인 이유로 정수리 부분의 머리를 삭발하고 수염을 관리했다. 중세 유럽의 대표적인 성직자 토마스 아퀴나스의 초상화를 보면 머리를 띠처럼 두르는 부분 외에는 깔끔하게 삭발한 머리와 수염 없이 깨끗한 턱이 인상적인데, 삭발이 신에게 엄숙하게 헌신한다는 의미로 여겨졌기 때문이다. 이들은 예수의 가시 면류관을 상징하는 머리카락 앞부분을 제외하고는 모두 삭발해 종교적인 의미를 표현했다.

당시까지의 면도는 혼자서 하기가 어렵고 숙련된 이발사가 해줘도 상처가 나기 일쑤여서 불편했지만, 수염이 긴 것이 더욱 불편했기 때문에 감수해야만 했다. 안전하게 면도할 수 있는 도구는 1762년이 되어서야 개발되었다. 프랑스의 자크 페레가 만든, 보호막이 포함된 면도기가 그것이다. 그는 칼날 주변에 나무를 부착해 수염을 칼날이 밀 때 다른 피부가 다치는 것을 막았다. 또한 면도하는 방법이 담긴 책을 펴냈는데, 그림을 통해 사람들에게 혼자서 면도날을 쥐고 면도하는 방법을 알렸다. 당시 그가 개발한 면도기는 손잡이에 직사각형의 칼날이 달린 모양으로 이발사들이 사용하던 면도칼과 같은 형태였다.

현대 면도기와 같은 T자형 면도기는 1880년대 독일의 캄페 형제가 만들었다. 캄페 형제는 1880년에 안전면도기로 특허를 받았으며, Star라는 상표로 면도기를 출시했다. 그 면도기는 사용하기 전에 날을 갈고 연마해야 했지만, 편리한 손잡이가 달린 구조로 어려움 없이 스스로 면도할 수 있다는 점에서 성공을 거두었다. 이후 여러 안전면도기 제품이 출시되었고, 1880년부터 1901년까지 미국에서는 80여 건의 면도기 특허를 출원했다.

그러나 스타 면도기를 비롯한 당시의 면도기들은 아무리 날을 갈아도 오래 쓰면 칼날이 무뎌진다는 단점이 있었다. 무뎌진 칼날로 면도하면 수염을 밀기 위해 면도날에 힘을 주게 되어 살이 베이기도 했다. 이런 불편함을 예삿일로 넘기지 않고 기회로 만든 사람이 지금도 여전히 면도기 회사로 유명한 질레트의 창업자다.

1895년경 미국인 사업가 질레트는 무뎌진 면도날을 보다가 '면도기의 손잡이는 그대로 두고 칼날만 바꿀 수 있을까?'라고 생각했다. 그래서 날만 바꾸는 탈착형 면도기를 개발했고, 1901년 특허를 얻어 칼날을 바꿀 수 있는 안전면도기로 많은 돈을 벌었다. 날만 교체하는 탈착형 면도기는 단순히 면도기의 구매 비용만 줄이는 것이 아니라 칼날을 주기적으로 교체해 녹슨 면도날로 인한 파상풍이나 피부염도 예방할 수 있었다. 질레트사의 안전면도기는 출시 2~3년차인 1904년에는 10만 개의 판매고를 올렸고, 1908년에는 100만 개의 판매량을 올리며 성장했다.

1918년 이후에는 면도기 판매량이 300만 개 이상, 면도날 판매량이 3,200만 개 이상으로 증가했는데, 제1차 세계대전이 결정적인 계기였다. 전쟁에 참전한 미군은 모든 장병에게 면도 키트를 지급하도록 결정했고, 질레트사는 미군의 휘장으로 장식된 전용 케이스에 손잡이와 면도날로 키트를 구성해 군대에 보급했다. 이로써 질레트 면도기에 익숙해진 장병들은 전쟁이 끝난 뒤에도 질레트 면도기를 계속 찾았고, 질레트사도 공격적인 마케팅으로 1925년까지 판매량을 기존보다 10배 높일 수 있었다. 이런 탈착형 면도기는 지금까지도 사용되고 있으며, 질레트가 세운 질레트사는 면도날을 계속해서 판매하며 꾸준한 수익을 올릴 수 있었다.

면도할 때 면도기만 필요한 것이 아니다. 수염이 잘 밀리도록 부드럽게 도와주는 면도 크림이 필요한데, 이 역시 면도기와 함께 발전했다. 비누가 없던 시절에는 이발사들이 면도할 때 뜨거운 수건을 수염에 올려두어 피부와 수염을 부드럽게 한 뒤 수염을 밀었다. 그러나 스스로 면도하는 스타 면도기가 개발된 시기에는 비누가 있어서 비누 거품을 내어 부드럽게 면도할 수 있었다. 1907년에는 로션으로 유명한 존슨앤존슨에서 더 위생적이고 풍성한 거품을 낼 수 있는 면도 크림을 출시했다. 뚜껑이 있는 튜브 형태의 면도 크림이라 위생적이면서 휴대하기 편했고, 더 풍성한 거품이 났다. 이 크림은 제1차 세계대전 당시 참전한 군인들에게 열렬한 환호를 받는데, 면도하기 위해 비누 거품을 낼 깨끗한 물을 구하기 어려웠던 군인들은 면도 크림을 통해 손쉽게 거품을 내고 면도할 수 있었다.

1949년에는 면도 크림을 비벼 거품을 내기도 귀찮은 사람들을 위해 거품 형태의 면도 크림이 등장했다. 카터 윌리스 사에서 출시한 라이스 쉐이빙 폼이 그것으로, 에어로졸 분사 방식을 사용한 최초의 거품 형태 면도 크림이었다. 이 아이디어는 1950년대에 질레트, 바르바솔 등 여러 회사가 따라 하며 면도기의 짝꿍인 쉐이빙 폼을 생산했다.

1929년에는 물이나 비누 없이도 면도하는 방법이 개발되었다. 미국 육군 대령 출신이던 제이콥 쉬크는 알래스카에서 근무할 때 물이 얼어붙어 면도를 할 수 없었다. 그래서 그는 물 없이도 얼굴을 다치지 않고 면도할 방법을 생각했고, 전기면도기를 발명했다. 쉬크의 전기면도기는 안전판과 칼날, 잘린 털이 빠져나가는 틈으로 이루어져 있다. 안전판을 통해 피부가 직접 칼날에 닿지 않아 안전했고, 면도칼 조각들이 모터를 통해 움직이며 수염을 깎았다. 수염을 깎은 뒤에는 칼날 뒤쪽 틈에 바람을 불어넣어 털 찌꺼기들을 빼낼 수 있었다.

이런 구조의 면도기는 어느 각도에서나 면도할 수 있었고, 피부에 상처 내는 일 없이 안전하게 사용할 수 있었다. 다만 제품의 크기가 컸고, 지금처럼 무선 기술이 없었기 때문에 전기 케이블을 연결해서 사용해야 했다. 또한 완벽한 면도가 되지 않아 잔수염이 남는다는 단점도 있었다. 하지만 물과 비누 없이도 면도할 수 있다는 혁신적인 아이디어 덕분에 계속 발전해 현재의 편리한 무선 전기면도기 형태가 될 수 있었다.

수염 없는 깔끔한 얼굴에 대한 열망은 지금도 여전하다. 그래서 1980년대부터 레이저를 이용해 모낭을 제거하는 방식이 개발되어 남성들을 수염으로부터 해방시켜 주고 있다.

자유롭고 편리한 두 바퀴

자전거

 자전거는 어린이부터 노인까지 스스로 조종할 수 있는 간편한 교통수단이다. 자전거는 타는 법을 배우기만 하면 오랫동안 타지 않았더라도 곧바로 다시 탈 수 있다. 이런 자전거는 여러 장점이 있는데, 가장 큰 매력은 재미있다는 점이다. 날씨 좋은 날 자전거를 타면 빠르게 이동할 수 있고, 주변 풍경도 볼 수 있고 바람도 느낄 수 있다. 또한 운동 효과가 있으며 탄소를 전혀 배출하지 않아 환경 보호에도 도움이 된다. 그래서 자전거는 학생들의 등굣길, 직장이 멀지 않은 사람들의 출근길, 그리고 날씨 좋은 날 데이트를 할 때도 찾는다.
 인류에게 자전거가 필요한 이유는 정말 간단하다. 인간은 대체로 걷는 속도보다 더 빨리, 뛰는 것보다 더 오랫동안 이동하고

싶어 하기 때문이다. 더 빨리 더 멀리 가고자 하는 것은 인간의 본능이기도 하고, 이동 생활 중 거주지를 옮기거나 군사 작전을 해야 할 때도 꼭 필요한 능력이었다. 이런 필요성에 따라 인류는 말이나 낙타를 길들여 일상생활에서도 타고 먼 거리를 가야 할 때나 군사 작전에도 사용했다.

그러나 말이나 낙타는 귀한 자원이었다. 기본적으로 생물이기 때문에 좋은 컨디션으로 먹이고 재워야 하며, 배설물도 생긴다. 그리고 예기치 못한 이유로 병에 걸려 잃을 수도 있다. 무엇보다 야생 상태의 동물이었기 때문에 길들이며 주인에게 복종하도록 만드는 과정이 꼭 필요했다. 이런 이유로 말, 낙타와 같은 교통수단이 될 수 있는 동물들은 굉장히 값비쌌고, 기마 군단에 사용할 수 있는 말들은 더 귀하게 여겨졌다. 그래서 생각한 것이 사람의 힘만으로 더욱 빠르고 멀리 갈 수 있는 방법으로, 그렇게 자전거가 발명되었다.

자전거의 최초 형태는 어린아이들이 타던 목마에서 비롯되었다. 1790년 프랑스의 귀족 콩트 메데 드 시브락이 만든 셀레리페르로, 나무로 된 안장에 목제 바퀴 두 개를 앞뒤로 연결한 형태로 무게는 40킬로그램에 달했다. 셀레리페르에 타면 안장에 앉아 발을 구르며 빨리 갈 수 있었는데, 비록 손잡이나 핸들이 없고 바퀴도 일직선으로 고정되어 있어 방향을 전환하기는 어려웠지만, 사람의 힘으로 빨리 가는 도구가 발명된 것이다.

발로 구르며 빨리 갈 수는 있지만 방향 전환이 어렵고 브레이크도 없어서 위험했던 셀레리페르가 등장한 지 27년이 지난 후인 1817년 자전거는 방향 전환이 가능해졌다. 독일의 귀족 카를 폰 드라이스가 셀레리페르에 핸들을 달고 앞바퀴를 움직여 방향 전환이 가능하도록 만든 것이다. 이 자전거의 이름은 드라이지네였고, '멋진 말'이라는 뜻의 '댄디 호스'라는 별명으로도 불리며 인기를 얻었다. 드라이지네 역시 페달이 없어서 발을 구르며 타야 했지만, 시속 7~10킬로미터의 속력을 내며 긴 거리를 이동할 수 있었다.

그러나 여전히 존재한 단점은 안정성이었다. 당시 도로는 주로 마차가 다녀 울퉁불퉁했기 때문에 자전거로 운전하기에는 알맞은 도로가 아니었고, 자전거를 타는 사람들은 엉덩이가 아파 자꾸 인도에서 자전거를 타려 했다. 그러다 보니 보행자들을 위험에 빠트렸고, 결국 독일과 영국 등 몇몇 국가에서는 자전거 탑승을 금지하기도 했다.

그렇다면 발로 땅을 굴러서 달리는 목마 형태가 아닌 페달로 바퀴를 움직이는 자전거는 어떻게 등장했을까? 스코틀랜드의 내징장이 커크패트릭 맥밀런은 발을 구르며 달리는 드라이지네를 타는 꼴이 우스꽝스러웠다. 그래서 그는 땅에서 발을 떼도 바퀴가 잘 굴러간다는 점에 착안해 1839년 발판을 밟아 뒷바퀴에 연결된 크랭크를 움직여 바퀴를 굴리도록 하는 자전거를 만들었다. 이로써 페달이 등장할 바탕이 마련된 것이다. 그 결과 1861년에는 파리의 마차 장인 피에르 미쇼가 앞바퀴 양쪽에 페달을 달아 사람이 돌리도록 한 벨로시페드를 개발했다. 방향을 전환할 수 있는 앞바퀴를 페달로 돌리면 뒷바퀴는 그대로 따라오는 구조라서 자전거의 운행 원리도 커크 맥밀런의 것보다 간단했고 타는 방법도 효율적이었다. 그래서 벨로시페드가 출시된 지 5년 만에 400대가량의 판매고를 올렸다.

그러나 벨로시페드도 해결하지 못한, 당시 자전거의 단점이 있다. 바로 승차감이다. 벨로시페드는 비포장도로를 달리면 '뼈까지 흔들린다'고 해서 '본 쉐이커'라는 별명으로도 불렸는데, 승차감이 좋지 않은 이유는 바퀴 때문이었다. 당시의 자전거 바퀴는 나무로 된 바퀴에 철판을 덧댄 형태였고, 안장도 나무에 가죽을 두른 형태라 충격 흡수가 불가능했다. 하지만 승차감이 개선된 자전거는 고무를 활용한 타이어가 상용화된 후에야 나올 수 있었다.

클래식한 감성을 강조하는 패션 브랜드 빈폴의 로고에도 자전거가 등장한다. 로고 속 자전거는 앞바퀴가 뒷바퀴에 비해 매우 큰 형태인데, 페니 파딩이라 불리는 이 자전거는 1870~1880년대에 큰 인기를 끌었다. 이 자전거의 앞바퀴는 직경이 최대 152센티미터에 달하는데, 앞바퀴가 큰 이유는 더 빨리 달리기 위해서다. 자전거가 널리 유행한 1868년 프랑스 파리에서는 세계 최초의 자전거 경주 대회가 열렸는데, 영국에서 자전거 상점을 운영하던 제임스 스탈리와 윌리엄 힐먼이 앞바퀴가 커서 페달을 한 번만 굴려도 3.5미터가량을 전진할 수 있는 빠른 자전거를 만들었다. 그것이 바로 페니 파딩이다. '페니'와 '파딩'인 이유는 서로 다른 크기의 바퀴가 영국의 크기가 다른 동전인 페니와 파딩처럼 보였기 때문이다. 이 바퀴들은 단단한 고무로 둘러싸여 나무와 철로 이루어진 이전의 바퀴보다 덜 마모되는 장점이 있었다.

이처럼 비교적 빠른 속도로 달릴 수 있는 페니 파딩은 젊은 남성들에게 큰 인기를 끌었지만 안전하지 않았다. 페니 파딩은 커다란 앞바퀴에 안장과 핸들, 페달이 모두 부착된 형태라서 무게 중심이 모두 앞바퀴에 있었기 때문이다. 그래서 평지를 달릴 때는 문제가 없었지만 내리막길을 달릴 때는 운전자가 앞으로 넘어질 수도 있었다. 또한 급브레이크를 밟거나 움푹 팬 곳에 바퀴가 빠질 때도 운전자가 튕겨 나갈 위험도 있었다. 그래서 치마를 입은 여성이나 자전거에서 중심을 잡기 어려웠던 노인은 페니 파딩에서 굴러떨어져 다치기도 해서 안전한 자전거에 대한 필요성도 제기되었다.

안전 자전거라고 불리는 새로운 자전거는 앞바퀴와 뒷바퀴의 크기를 비슷하게 만들었고, 페달과 안장을 두 바퀴의 중간에 배치했다. 그리고 체인을 설치해 페달을 밟으면 뒷바퀴를 굴려 움직이도록 설계했다. 이 자전거는 1879년에 영국의 해리 로슨이 특허받은 것으로, '소형 자전거'라는 뜻의 '바이시클'이라고 불렸다. 이전의 앞바퀴가 큰 페니 파딩보다 크기도 작아 자전거에 오르기도 쉬웠고 균형을 잡기에도 수월했다.

이로써 자전거의 안전성은 해결이 되었지만 승차감은 여전히 문제였다. 그 문제를 해결한 사람은 스코틀랜드의 수의사이자 발명가 존 보이드 던롭으로, 세발자전거를 좋아하던 그의 아들이 자전거를 탈 때 엉덩이가 너무 아프다며 불평을 늘어놓자 이를 해결하기 위해 1887년에 고무로 된 튜브 안에 공기를 주입해 바퀴에 두르자는 아이디어를 생각해냈다.

당시의 자전거 바퀴는 나무로 된 원형 틀에 단단한 고무를 두른 것이었는데, 던롭은 공기를 넣은 튜브 형태의 고무를 바퀴 틀에 두르는 새로운 방식을 시도했다. 던롭이 시도한 새로운 바퀴는 금속 바퀴보다 더 잘 굴러갔으며, 장애물에 부딪히면 튀어 오르는 탄력도 갖추고 있어 굴러가는 속도도 더욱 좋았다. 아들의 세발자전거에 적용하기 위해 만든 공기 주입식 타이어를 큰 자전거에도 적용하자 속도가 더욱 빨라졌을 뿐만 아니라 승차감도 개선되어 대부분의 자전거에 쓰였다. 이런 존 보이드 던롭의 이름은 글로벌 타이어 회사인 던롭에 남아 있다.

더 빠르고 안전하게 오래 탈 수 있도록 개발을 거듭한 자전거는 사람들의 여가 활동에만 사용된 것은 아니다. 자전거는 군사적으로 사용되어 기병을 보완했다. 특히 스위스는 자전거 부대를 1891년부터 2003년까지 100년 넘게 유지한 국가로, 하루에 160킬로미터 정도를 이동할 수 있는 뛰어난 기동력으로 부족한 기마 자원을 보완하기 위해 자전거 부대를 창설했다.

1905년부터 스위스군이 사용한 자전거의 모델명은 MO-05로 검은색 또는 국방색으로 도색되어 있으며, 자전거에 지도와 문서, 군사 장비를 담을 수 있는 운반 케이스가 장착되어 있었다. 또한 앞서 살펴본 던롭이 개발한 공기 주입식 타이어를 사용해 장거리 운행에도 피로감을 덜 느끼도록 했다. 이 자전거 부대는 빠른 기동력을 바탕으로 부대 간의 소식을 전달하는 통신병 역할을 했고, 보급품을 전달하는 역할도 했다. 제1차 세계대전 동안에는 전투에 직접 참여하며 작전을 수행했는데, 자전거 부대는 말이나 자동차와 달리 알프스와 같은 높은 산맥이나 좁은 계곡, 울창한 숲과 같이 험준한 지형에서도 기동성을 유지할 수 있었기 때문이다.

자전거 부대는 신속하고 은밀하게 이동해 매복, 정찰 등 다양한 작전을 수행했다. 탱크와 항공기처럼 첨단 군사 기동 수단이 등장한 제2차 세계 대전에도 자전거 부대는 여전히 운영되었다. 험준한 지형이 많고 안개와 눈보라가 잦은 스위스에서는 때때로 차량보다는 자전거가 더욱 뛰어난 기동성을 발휘했기 때문이다. 또한 자전거 부대는 연료가 필요 없었고, 큰 소리 없이 조용하게 100킬로미터에 달하는 거리를 한밤중에도 눈에 띄지 않게 이동할 수 있었기 때문이다.

이런 자전거 부대는 스위스 외에도 여러 국가가 운영했다. 대표적으로 1899년에 발생한 보어전쟁 당시 영국군이 운영한 자전거 부대가 있다. 영국의 자전거 부대원들은 정찰과 연락의 업무뿐만 아니라 기밀 작전을 조용하고 신속하게 전달해 전투에 도움을 주었다. 제2차 세계대전 중 일본군도 말레이시아 지역에서 자전거 부대를 이용해 장비를 운반하고 울창한 정글 지형에서 빠르게 이동해서 작전을 성공시켰다.

  현재 자전거는 일반 자전거 외에도 험준한 지형에서도 빠르게 달리고 안전하게 착지하는 산악자전거, 휴대성을 강조한 접이식 자전거, 빠른 속도를 유지하기 위한 픽시 자전거, 힘을 덜 들이고 긴 거리를 운행할 수 있는 전기 자전거 등 다양한 종류의 자전거가 개발되었다. 또한 자신이 원하는 거리만큼만 자전거를 잠깐 탈 수 있는 공유 자전거 시스템도 활발하게 운영되고 있다. 자전거는 더 이상 군사적으로 쓰이지는 않지만, 우리 모두의 삶을 편리하게 해주는 최고의 교통수단이다.

땅속으로 달리는 철도
지하철

현대인들에게 지하철은 매우 중요하다. 2025년 현재 우리나라 전역에 설치된 지하철 노선은 27가지이며, 지하철역은 총 725개가 있다. 최근에도 경기도 지역에 새로운 역이 생겨나면서 수도권의 영역은 점점 더 넓어지고 있다. 지하철은 사람들의 주거 지역과 노동 지역을 교통체증 없이 빠르게 이어준다는 점 때문에 역세권이라는 개념도 만들어냈다. 역세권이라는 점은 부동산의 가치를 높이기도 하는데, 집에서 역까지 도보로 얼마나 걸리느냐에 따라 집값이 달라지기도 한다.

출퇴근 시간대에 지하철이 고장나거나, 연착된다면 뉴스 속보로 보도될 만큼 현대인들에게 지하철은 일상에 꼭 필요한 교통수단이다. 지하철이 처음 만들어진 영국 런던도 출퇴근길 문제를 해결하기 위해 지하철을 고안했다.

영국의 출퇴근길 문제는 산업혁명 이후에 생겨났다. 1801년에는 90만 명 정도로 추정되던 런던의 인구는 산업화가 계속 진행되면서 1870년경에는 330만 명 정도로, 1890년대에는 400만 명을 돌파했다. 한정된 면적의 도시에 불과 100년도 되지 않은 기간 동안 인구가 무려 4배 이상 늘어난 것이다. 대부분 농촌에서 일자리를 찾아 도시로 이주한 사람들이며, 이런 인구 밀집 상황은 필연적으로 여러 불편한 상황을 초래했다. 그래서 당시 노동자들은 런던 근처의 여러 외곽 도시로 이주했는데, 대표적으로 웨스트햄, 울리치, 데프트퍼드 등 런던 중심부에서 약 10킬로미터 정도 떨어진 지역들이 그렇다.

당시 런던에서 일하는 사람들은 출근길에 두 가지 양상으로 고통받는데, 첫 번째는 교통체증이었다. 런던에 사는 사람들이나 외곽 도시에 사는 사람들이 주로 사용한 출근길 교통수단은 주로 마차였는데, 상류층 사람들은 현대의 개인 자가용이나 택시처럼 1~2인용 마차를 이용했고 어느 정도 부유한 사람들은 역마차를 사용했다. 런던 중심부에서 5킬로미터 이내 거리에 있는 캠버웰, 패딩턴과 같은, 철도역이 있는 지역에는 단거리 역마차 정류장이 있었다. 이곳에서 타는 역마차는 4마리 정도의 말이 끄는, 여러 명이 탈 수 있는 마차였다. 이 마차는 유료로 이용되었고, 좌석 칸은 네모난 형태로 지붕도 있었다.

역마차가 더 많은 승객을 정기적으로 태울 수 있도록 발전된 형태인 말 버스도 1829년부터 등장했다. '모두를 위한다'라는 뜻의 옴니버스라고 주로 불리던 이 말 버스는 주로 2층으로 구성되어 1층 객실 내부에는 12명의 승객을 태울 수 있었고, 지붕 위 외부 좌석에는 승객을 추가로 더 태울 수 있었다. 또한 철도역에 도착하는 물건들을 런던 시내로 옮기기도 했다. 이 옴니버스는 런던을 중심으로 4개의 외곽 도시를 정기적으로 운행하며 현재의 버스와 같은 역할을 했다.

출퇴근 시간대의 런던 거리에는 수백 대의 마차가 바삐 돌아다녔고, 말발굽 소리와 말을 채찍질하는 마부의 소리, 그리고 말의 배설물과 바퀴 자국에 파인 흙이 뒤섞여 혼란한 교통체증이 생겨났다. 그런데 아무리 교통체증이 심각하다고 해도 마차를 타고 다니는 사람들은 편리하게 출퇴근하던 사람들이다. 가난한 노동자들은 마차 탑승비가 비쌌기 때문에 직장까지 걸어 다녀야 했다. 게다가 일터가 있는 도시 중심부에 살기에는 주거비 또한 너무 비쌌기 때문에 런던에서 10킬로미터가량 떨어진 도시 외곽에 살 수밖에 없었다.

그들은 하루에 왕복 4~5시간을 출퇴근 시간으로 허비해야만 했다. 당시 노동자들의 노동 시간은 최대 12~14시간이었기 때문에 하루 내에 외곽에 있는 집까지 걸어갈 수가 없었다. 그래서 런던 곳곳에는 노동자를 위한 임시 숙소가 있었고, 몹시 가난한 노동자를 위해서는 잠시 줄에 몸을 걸어 하룻밤 눈을 붙이는 2페니 행오버나, 관 형태로 된 숙소에서 눈을 붙이는 4페니 관 침

대도 있었다. 이렇듯 런던에서는 노동자들의 출퇴근 문제가 심각했다.

수많은 개인 마차와 옴니버스가 도로를 가득 채우며 돌아다니고, 매일 최대 20만 명의 노동자가 도보로 런던과 외곽 지역을 왕복하는 혼란 속에서도 런던의 교통 문제는 해결되지 않고 방치되어 있었다. 영국 왕립위원회가 런던 시내에는 새로운 철도역을 건설하는 것을 금지한 채 워털루, 패딩턴, 킹스 크로스와 같은 외곽 지역의 기존 기차역만 두었기 때문이다. 그래서 런던 외곽에서 시내로 들어오려면 도보나 마차밖에는 방법이 없었다. 이런 런던의 교통 문제를 해결할 방법을 고민하던 변호사 찰스 피어슨은 런던 시내 중심부에 역을 만들고, 런던 외곽 지역의 지하 터널을 통해 출퇴근하는 기차를 생각했다.

그는 1846년에 런던의 교통 문제를 해결하기 위해 지하에 터널을 뚫어 열차를 운행하자는 제안서를 발표했다. 당시 그의 제안을 자세히 살펴보면, 런던 서쪽 외곽 도시이자 철도역이 있는 패딩턴과 런던 중심부 플릿 벨리 근처에 패링던역을 새로 지어 패딩턴과 지하 터널로 연결하자는 것이다. 이 제안이 실현된다면 런던 외곽에서 시내에 들어올 때 교통체증이 훨씬 줄어들 것이었다. 그의 제안은 현실성이 없다, 땅 구입 문제가 있다, 위험하다 등 여러 이유로 몇 차례 거부되었지만, 끊임없는 설득과 홍보 끝에 1854년에 메트로폴리탄 철도 건설이라는 사업으로 승인되었다. 다만 노선 건설을 위해 100만 파운드의 자본금이 필요했는데, 현재 가치로 1억2,200만 파운드, 즉 2025년 기준 한화로 2,315억 원이 넘는 금액이었다.

찰스 피어슨은 계속해서 홍보와 투자 독려를 통해 자본금을 모으려 노력했고, 1860년에 모두 모여 철도 공사가 시작되었다. 그 결과 약 3년 만인 1863년에 완성되어 런던 서쪽 외곽과 런던 중심부를 잇는 메트로폴리탄 지하철이 운행되기 시작했다. 다만 안타깝게도 찰스 피어슨은 1862년에 병으로 사망해 그토록 염원하던 지하철의 운행은 보지 못했지만, 철도회사가 철도의 아버지인 피어슨에게 감사함을 표시하며 그의 아내에게 연금을 지급했다.

당시 메트로폴리탄 지하철은 패딩턴역에서 출발해 포트랜드역, 킹스크로스역 등 5개 역을 지나 패링던에 도착하는 약 6킬로미터의 노선이었다. 터널을 만드는 공법은 당시에도 하수 터널 등을 만들며 존재했지만, 지하철을 위한 터널을 만들기 위해서는 터널의 크기가 커야 했고, 바로 위 도로에 건물과 보행 통로가 유지될 만큼 큰 하중을 견뎌야 했다. 그래서 시민들의 불편을 최소화하기 위해 도로를 뚫어 터널을 만든 뒤 강한 하중을 견딜 만한 도로를 덮는 개착식 공법이 사용되었다. 이 지하철은 출발해서 종착역에 도착할 때까지 18분 걸렸으며, 약 15분 간격으로 운행되었다. 이로써 메트로폴리탄 지하철은 운행한 첫해에 900만 명이 넘는 승객이 탑승하며 런던 서쪽 지역의 교통체증 완화에 크게 이바지했다.

메트로폴리탄 지하철은 자욱한 연기가 문제였다. 자욱한 연기를 내뿜는 것은 당시 열차로 쓰였던 증기기관차인 메트로폴리탄 A 클래스였다. 18대로 운행하기 시작한 이 지하철은 석탄을 연료로 쓰지만, 터널에서 운행하기 때문에 연기 배출을 최소화하는 콘덴싱 기술이 적용되어 있었다. 그럼에도 불구하고 환기가 쉽지 않은 지하 터널 탓에 연기는 심각한 문제로 남아 있었다. 연기를 최소화하기 위해 연료를 석탄에서 코크스로, 무연 석탄으로 바꾸기도 했지만, 증기기관차를 이용하는 한 근본적인 문제가 해결될 수는 없었다. 그래서 터널에 많은 환기 구멍을 만들어 개선하려 했지만, 당시 지방 당국은 터널의 환기구가 도로 위 말들을 놀라게 하고, 부동산 가치를 떨어뜨릴 것을 우려하며 터널의 환기구를 추가하는 것을 반대했다. 또한 당시 지하철 터널에 가득한 증기, 이산화탄소 등으로 인해 승객들은 두통, 메스꺼움, 기침과 호흡 곤란, 어지럼증 등을 호소하기도 했다.

그래서 등장한 것이 전기를 이용한 지하철이었다. 지하철의 인기가 계속되며 여러 노선이 새로 추가되었는데, 1900년에 개설된 센트럴 런던 레일웨이라는 노선이 개설된 때부터 전기 지하철을 도입해 큰 인기를 얻었다. 이 노선은 런던 서쪽 외곽의 주거 지역인 셰퍼드 부시와 금융 중심지인 뱅크역까지 잇는 약 9킬로미터의 구간을 운행했는데, 2페니만 내면 자욱한 연기가 없는 쾌적한 지하철을 탈 수 있었기 때문에 많은 사람이 이용했다. 이후로 다른 노선들도 증기기관차를 전기 지하철로 교체했다.

런던 지하철의 성공을 보고 다른 나라들도 지하철을 만들기 시작했다. 헝가리는 1896년에 수도 부다페스트에, 미국도 1904년에 뉴욕에서 지하철 운행을 시작하며 세계 곳곳에 지하철이 생겨났다. 다만 지하철이 늘어난 만큼 지하철로 인한 대규모 인명사고도 발생했다. 바로 1903년에 프랑스 파리에서 일어난 지하철 화재 사건이다.

사건의 발단은 하나의 열차에서 합선이 일어나 화재가 발생하자 열차 운행이 지연되었고, 승객들이 지연에 대해 항의하자 제대로 수습하지 못한 채 열차 운행을 재개한 것이었다. 검은 연기 속에서 열차가 다시 운행했지만, 다시 화재가 발생했고, 승무원들의 대처와 승객들의 대피가 제대로 이루어지지 않은 채로 지하철역 내 모든 조명이 꺼져 우왕좌왕하다가 많은 사람이 질식해 사망에 이른 것이다. 나무로 만들어진 열차의 차체는 완전히 타버렸고, 무려 84명이 사망한 충격적인 사건이었다. 이 사건 이후 지하철에는 열차 모터가 합선될 시 전력 공급 장치에서 분리하는 조치를 즉시 취하도록 시스템을 점검했고, 지하철 출구에는 조명 표지판을 설치하고, 소화전을 설치하는 등 또다시 참사가 일어나지 않도록 대비했다.

우리나라도 화재를 예방하기 위해 지하철 내 의자와 같은 각종 소재를 불에 타지 않는 소재로 바꾸었는데, 그것도 2003년에 대구에서 발생한 지하철 화재 사건 때문이었다. 한 방화범이 객차 내에서 불을 질러 192명이 사망하고 부상자가 151명에 달하는 끔찍한 사건이었다. 당시까지는 지하철 내의 의자가 플라스틱과 우레탄폼 쿠션으로 이루어졌기 때문에 불이 나면 걷잡을 수 없이 번져 피해가 아주 컸다. 현재 우리나라의 지하철 의자가 딱딱하고 차가운 스테인리스 소재인 것은 그때의 참사 때문이다. 그 덕분에 2025년 5월 서울 5호선 열차에서 일어난 방화 사건 때는 불길이 크게 번지지 않았고, 피해자들 대부분이 경상에 그칠 수 있었다.

차를 운전할 자격이 있습니까

운전면허

 성인이 되면 하고 싶은 일 중 하나로 자동차 운전을 꼽는 사람이 많다. 우리나라에서는 만 18세부터 자동차 운전면허를 취득한 사람만 운전할 수 있다. 그러나 최근 경기 불황으로 인해 청년들의 운전면허 취득률이 줄어들고 있다. 운전면허 교육과정과 차량 구매, 유지에 큰 비용이 들고, SNS에서 자동차 사고 블랙박스 영상을 쉽게 접하면서 운전에 대한 두려움도 커졌기 때문이다. 과거에는 수능이 끝나면 운전면허학원에 등록하는 경우가 많았지만, 최근 20대는 운전면허 취득에 관심이 줄어 운전면허학원들도 어려움을 겪고 있다. 현재는 인기가 줄었지만, 어른들의 보편적인 이동 수단인 자동차와 운전을 위해 꼭 필요한 운전면허는 어떻게 시작되었을까?

1885년 3륜 자동차로 세계 최초의 특허를 받은 사람은 독일의 카를 프리드리히 벤츠였다. 그는 가솔린을 연료로 하는 모터 기관을 바퀴 3개짜리 마차에 부착해 현대 자동차의 원형을 만들었다. 19세기 후반 벤츠가 만든 자동차는 극히 소수만 운전할 수 있었고, 초기 생산량도 적었다. 당시 세상에 나온 자동차는 25대뿐이었다. 그래서 당시 자동차는 생소한 존재였고, 주민들은 소음과 냄새에 불만을 제기했다. 이에 1888년 벤츠는 독일 제국에게 자신의 차량을 도로에서 주행할 수 있게 해달라는 증명서를 요청했고, 이것이 개인이 받은 최초의 운전면허였다. 단, 시험을 치른 것은 아니었다.

 국가가 시험을 통해 발급한 최초의 운전면허는 1893년 프랑스에서 시작했다. 파리 경찰 조례에 따르면 자동차 운전자는 번호판을 부착해야 했고, 시골길에서는 시속 20킬로미터와 도심에서는 시속 12킬로미터라는 속도 제한을 준수해야 했다. 또 운전과 차량 고장에 대한 지식을 평가하는 운전면허 시험도 도입했다. 이 제도를 만든 사람은 당시 파리 경찰청장이던 루이 레핀이었다. 그는 증가하는 자동차를 규제하고, 통행 차량을 식별하기 위해 운전면허 제도를 시행했다.

 초기의 운전면허 시험은 주로 자동차 소유주를 파악하기 위한 것이었다. 그러나 자동차 생산과 보급이 확대되며 사고가 증가했고, 시험은 점차 운전 능력을 평가하는 방향으로 바뀌었다. 독일에서는 1909년 교통사고로 86명이 사망했으며, 마차·수레와 자동차의 충돌이 빈번했다. 이에 따라 독일에서는 1923년부터 신호, 제동 등 실제 교통 상황에서 운전 능력을 평가했다. 이는 미국 등 다른 나라에서도 마찬가지였다.

우리나라에서는 특이하게도 인력거꾼에 대한 면허가 먼저 있었다. 1908년 대한제국 시기 제정된 인력거영업 단속규칙에 따르면 18세 이상 60세 미만의 신체 건강한 남성만 인력거꾼이 될 수 있었다. 당시에는 자동차보다 인력거를 주로 이용했다. 일제강점기인 1915년에야 자동차 규칙이 제정되었는데, 운전자는 본적과 주소, 성명이 기재된 서류를 경무부장에게 제출해야 했다. 술에 취한 상태로 운전하거나 운전 중 담배를 피우면 벌금을 부과하는 규정도 있었다. 현대적인 운전면허 제도는 1961년 도로교통법 제정으로 시작되었다. 지정된 자동차 교습소에서 기능과 구조를 교육받고 시험에 합격해야 면허를 취득할 수 있었다.

세계 각국의 자연 및 문화적 환경은 운전면허 제도에도 반영되었다. 핀란드는 1년 중 절반이 겨울이기 때문에 빙판길 대처 능력을 반드시 익혀야 하며, 운전 중 미끄러짐이나 야생동물 출현 상황에 대응하는 훈련도 운전면허 취득에 포함된다. 사우디아라비아에서는 2018년에야 여성이 운전면허를 취득할 수 있었다. 이전에는 여성의 운전을 법적으로 금지했고, 외출 시 전문 운전기사를 고용해야 했다. 여성들은 운전할 권리를 요구하며 시위를 이어갔고, 마침내 2018년에 결실을 보았다.

우리의 설렘은 그들 덕분이다
공항

 황금연휴에 가족과 함께 색다른 명절을 보내기 위해 해외여행을 떠나는 사람들이 늘고 있다. 한 예로 우리나라의 가장 큰 공항인 인천국제공항에서는 설 연휴 직전인 2025년 1월 24일부터 10일간 이용객이 총 214만1,000명에 이를 것으로 전망하기도 했다. SNS와 뉴스에서는 인천공항 이용객이 너무 많아 출국심사를 위해 3시간 전에 도착해도 빠듯하다는 불만이 이어진다.
 설레는 해외여행을 위해 가야 하는 공항은 비행기가 이륙하고 착륙하는 곳으로 여객과 화물을 운송하는 항공기를 위한 시설이다. 비행기와 밀접하게 관련 있는 만큼 최초의 공항을 세운 사람은 최초로 비행기를 조종한 라이트 형제였다. 오빌 라이트와 윌버 라이트는 바람에 의존하던 기존 글라이더가 아닌 동력 기

관을 이용한 비행체를 만들기 위해 연구했고, 천 회에 이르는 시험비행 끝에 1903년 가솔린기관을 이용한 동력 비행에 성공했다.

비행기를 개발한 라이트 형제는 1909년 미국 육군에 통신용 비행기 'Signal Corps No.1'을 판매했는데, 그들은 단순히 비행기를 판매하는 데 그치지 않고 조종사까지 훈련시켜야 했다. 미국 연방정부가 구매한 비행기가 라이트 형제가 판매한 첫 번째 동력 비행기였고, 라이트 형제가 자신의 비행기 제조 기술을 보호하려 하다 보니 당시 비행기를 조종할 수 있는 사람이 라이트 형제 둘뿐이었기 때문이다.

미국 육군은 비행기를 도입하면서 전용 시설이 필요하다고 판단했고, 1909년 윌버 라이트의 감독 아래 메릴랜드주에 칼리지파크 공항을 건설했다. 이곳에서 라이트 형제는 프래드릭 험프리스 중위와 프랭크 램 중위에게 비행 훈련을 실시했다. 칼리지파크 공항은 군사적 목적을 갖고 세워졌지만, 비행을 위해 세워진 최초의 공항이었기 때문에 '비행의 요람'이라는 별명을 얻었다. 최초의 승객, 최초의 여성 조종사, 최초의 항공우편 서비스 등 항공과 관련된 많은 기록이 이 공항에서 세워졌다.

군사 목적인 공항은 미국의 칼리지파크 공항이 최초이지만, 우리에게 익숙한 최초의 여행용 민간 공항은 덴마크의 코펜하겐 공항이다. 코펜하겐 공항은 1925년에 세워졌는데, 코펜하겐은 덴마크의 수도이자 경제와 금융의 중심지로 오랜 세월 무역의 중심지였으며, 서유럽과 북유럽을 이어주는 가교 역할을 해왔기 때문에 그곳에 최초의 민간 공항이 세워졌다. 제1차 세계대전 이전에는 민간인들을 위한 여객기가 따로 없었고, 군용기를 개조해 사용했다. 그러나 전쟁을 거치면서 비행기의 소재가 금속으로 바뀌며 안정성이 높아졌고, 민간 항공 서비스가 차츰 시작되었다. 네덜란드 항공사 KLM은 1920년 암스테르담-코펜하겐 노선에 여객기를 운항했으며, 그해 승객 345명, 화물 22톤, 우편물 3톤을 수송했다.

우리나라 최초의 공항은 서울시 강서구에 위치한 김포공항이다. 1939년 일제강점기 당시 일본군은 현재 김포공항 자리에 활주로를 건설해 주로 자살 공격을 감행한 가미카제 특공대의 훈련장으로 사용했다. 한국전쟁 시기에는 미군의 군용 비행장으로 쓰였고, 1958년부터 민간인이 이용할 수 있는 국제공항으로 운영되기 시작해 현재까지 활발하게 사용되고 있다.

전 세계를 사로잡은 한 잔

커피

 커피는 아침을 시작하는 직장인이나, 늦은 시간까지 과제를 하는 학생들, 그리고 친구와 카페에서 수다를 떠는 사람들 모두 즐기는 전 세계인의 음료다. 2022년 기준 통계청에서 조사한 대한민국의 커피전문점 수는 10만 개 이상으로 편의점의 수보다 2배나 더 많다. 이외에도 가정과 직장에서 내려 마시는 캡슐커피, 믹스커피 등 다양한 종류의 커피가 소비되는데, 커피의 향긋한 향을 다양한 레시피로 즐길 수 있고 카페인 성분을 통해 각성 효과도 얻을 수 있기 때문이다. 커피가 사람들의 눈에 띈 이유도 이 각성 효과와 관련되어 있다.

 커피의 어원은 커피의 고향인 에티오피아의 '힘'이라는 뜻을 지닌 caffa에서 유래한다. 사람들이 커피를 마시게 된 기원에는 여러 가지 설이 있는데, 그중 차와 커피 연구로 세계적 명성을 얻은 잡지 발행인 윌리엄 H. 우커스가 1922년에 발행한 《커피의 모든 것》에 따르면 커피는 에티오피아의 한 양치기로부터 발견되었다. 9세기경 에티오피아의 칼디라는 양치기 소년은 어느 날 자신이 몰던 염소들이 흥분해서 뛰어다니는 모습을 보고 염소들의 행동을 관찰했다. 그 결과 염소들이 어떤 빨간 열매를 먹고 나면 흥분해서 뛰어다닌다는 것을 알게 되었다. 그래서 칼디도 그 열매를 먹어보았더니 피로가 사라지고 각성 효과가 나타났다. 이에 칼디는 이 빨간 열매의 효능을 사람들에게 알려 지금의 커피가 되었다고 전해진다.

칼디와 염소의 이야기 외에도 커피의 원산지인 에티오피아에서는 커피 열매를 동물의 지방과 함께 말아 에너지바 형태로 먹었다고 한다. 이처럼 커피는 힘을 내는 성분이 있다고 여겨져 아프리카의 아랍인들은 커피가 다른 지역으로 반출되지 못하도록 수출을 금지했고, 커피 원두가 씨앗으로 쓰이는 것을 막기 위해 모두 껍질을 벗겨 보관했다.

그러나 커피는 아프리카 지역에만 머무르기에는 너무나 매력적이었다. 한 인도인 무슬림 순례자가 커피의 원두를 자신의 복대에 숨긴 채 메카를 향했다. 이후 커피가 아프리카 대륙 밖으로 전파되기 시작했다. 게다가 이슬람 세력의 확장으로 현재 튀르키예 지역에 위치했던 오스만제국으로 전파된 커피는 수도승들이 주로 마셨다. 커피는 각성 효과가 있기 때문에 밤새워 기도하는 수도승들에게 도움이 되었다. 또한 향긋한 향으로 힘든 수도생활 중에 즐거움이 되기도 했다.

오스만제국은 커피를 독점하고자 했지만, 결과적으로 커피 문화를 전 세계로 전파해버렸다. 오스만제국은 1536년 아라비아반도 남쪽 국가인 예멘을 정복했는데, 예멘의 모카 항구는 예멘에서 생산한 커피를 수출하는 주요 항구였다. 그래서 커피를 일컫는 명칭인 모카도 이 항구의 이름에서 유래했다. 커피의 가치를 알아본 오스만제국은 예멘에 커피 농장을 만들고, 커피나무를 키울 수 있는 생두가 다른 지역으로 반출되지 않도록 모카항을 엄격하게 감시했다. 커피를 내리기 전에 원두를 볶아 커피의 맛과 향을 풍부하게 만드는 로스팅 과정도 생두와 커피 종자의 반출을 막기 위해 볶아 수출하다가 발전했다는 주장도 있다.

하지만 커피를 독점하려 했던 오스만제국은 제국 곳곳에 있는 커피하우스 때문에 제국을 방문한 세계인들에게 커피가 얼마나 매력적인지 알려주고 말았다. 당시 오스만제국을 방문한 유럽인들은 오스만제국 사람들이 커피(당시에는 Chaube, kahwa라고 불렸음)라는 열매를 우린 검은색 물을 와인처럼 마셨고, 커피하우스에서 이야기를 나누며 마신다는 여행기를 유럽에 전달했다. 그 덕분인지 커피의 유명세가 유럽에도 퍼졌고, 1626년에는 유럽에 최초의 커피하우스가 탄생하기도 했다.

돈 되는 무역이라면 어디든지 손을 뻗는 네덜란드 상인들에게도 커피에 대한 정보가 전해졌다. 그래서 네덜란드 동인도회사는 1642년부터 예멘 항구에서 구매한 커피 3만2천 킬로그램을 인도 콜카타에서 판매하며 큰 이익을 남겼다. 이들은 여기에 그치지 않고 1680년경 모카의 커피 묘목을 몰래 훔쳐 자신들의 식민지이자 네덜란드 동인도회사의 주요 거점이던 자바섬에 심어 보았다. 마침 자바섬의 기후가 커피가 자라기에 적합했기 때문에 커피나무는 쑥쑥 자랐고, 자바섬에서 생산된 커피가 유럽으로 수출되었다.

이외에도 1670년에 예멘에서 커피 생두 7개를 수염 속에 숨겨서 인도로 반출한 바바 부단의 이야기, 18세기 초에 꽃다발에 숨겨 스페인 해군 장교에게 건네진 커피 묘목이 콜롬비아, 브라질 등 아메리카에 자라난 이야기들이 전해지듯 18세기에는 인도, 동남아시아, 아메리카 지역에서도 커피를 생산하며 오스만제국의 커피 독점은 막을 내렸다.

커피가 아무리 향이 좋고 특별한 효능이 있다고 해도 전 세계인이 즐기는 기호식품이 된 것은 다른 매력 덕분이다. 바로 커피를 즐기는 공간인 커피하우스다. 유럽에도 전파된 이슬람식 커피하우스는 큰 인기를 얻었는데, 선술집을 대체할 수 있다는 점 때문이다. 당시 유럽에서는 사람들이 이야기를 나누려면 술집을 방문했는데, 오래 이야기 나누다 보면 자연스럽게 술을 많이 마시게 되고 이성적이고 논리적인 대화보다는 고성과 싸움으로 귀결되는 경우가 많았다. 게다가 술은 건강에도 좋지 않았다. 그래서 커피하우스는 논리적이고 이성적인 대화를 오래 하고 싶은 지식인들에게 큰 인기를 얻었다.

실제로 1652년에 런던에 최초의 커피하우스가 생겼지만 인근 술집 상인들의 민원에 결국 커피하우스 주인이 영국을 떠나야 하는 일도 발생했다. 그러나 단돈 1페니만 내면 커피하우스에서 얼마든지 하고 싶은 이야기를 나눌 수 있다는 점은 너무나도 매력적이었다. 그래서 술집 사장들의 견제에도 불구하고 런던의 커피하우스 수는 1714년에 8천여 곳까지 늘어났다.

커피하우스에서 교류된 정보는 매우 다양했다. 커피하우스의 단골손님이었던 아이작 뉴턴, 로버트 보일과 같은 과학자들은 그곳에 모여 자연과학에 관한 이야기를, 뱃사람들과 상인들이 모인 커피하우스 로이드에서는 해상 보험에 관한 이야기를 나누었다. 특히 로이드에서 이야기를 나누던 사람들이 만든 회사가 영국의 보험 거래 회사 로이즈다. 이외에도 영국의 조나단 커피하우스는 증권거래소 역할을 하며 주식 정보를 나누고 주식 거래에 따른 일 처리까지 한 것으로 유명하다.

이런 커피하우스는 프랑스에 카페라고 불리며 유행했다. 특히 18세기 프랑스 파리에 위치한 카페 프로코프는 볼테르, 장 자크 루소를 비롯해 개혁적인 성향의 사람들이 단골이었다. 이들은 카페에 모여 자연스럽게 왕실과 교회의 실정을 비판하고, 계몽주의와 혁명에 대한 이야기를 나누었다. 당대의 계몽사상가 몽테스키외 역시 카페를 다녀오면 들어가기 전보다 4배의 지성을 갖춘다고 표현했는데, 이를 통해서도 당시 카페에서 오가던 이야기가 구시대의 모순을 깨부수는 프랑스혁명의 씨앗이 되었음을 알 수 있다.

  커피가 전 세계에 퍼지고 사람들이 그 맛에 중독된 지 약 300년이 지난 1900년대의 사람들은 이야기를 나누기 위해 커피하우스에 가는 것이 아닌, 커피를 마시기 위해 커피하우스를 찾았다. 그러다 보니 커피하우스에 갈 수 없는 때도 커피를 마실 방법을 찾았는데, 그 결과 인스턴트커피가 만들어졌다. 1901년 일본계 미국인 화학자 사토리 카토는 커피 농축 용액을 가루로 건조한, '산카'라는 인스턴트커피를 만들었다. 먹는 방법은 그 가루를 뜨거운 물에 녹이는 것이었다.

  1929년에는 분유 제조 회사였던 네슬레가 브라질의 남아도는 커피 원두를 처리해달라는 브라질 정부의 부탁을 받고 인스턴트커피를 만들었다. 그 과정에서 만들어진 브랜드가 네스카페이며, 지금까지도 인스턴트커피 시장에서 주도적인 위치를 차지하고 있다. 특히 네스카페의 인스턴트커피는 제2차 세계대전으로 널리 알려졌는데, 당시 네스카페가 제조한 인스턴트커피가 미군의 식량 배급에 포함되었기 때문이다. 군인들에게 배급된 인스턴트커피는 전쟁 중 병사들의 스트레스 해소와 피로도 개선에 도움을 주었다. 네스카페는 캡슐커피 등 집에서도 간편하게 즐길 수 있는 커피 제품을 만들어 현재까지도 성장하고 있다.

만병통치약에서 만성질환으로

담배

  매년 초 성인들이 건강을 지키기 위해 가장 많이 다짐하는 것 중 하나가 금연이다. 담배가 건강에 해롭다는 것은 모두 다 알고 있지만, 전자담배의 등장으로 다시 흡연율이 높아지고 있다. 특히 젊은층 여성들의 흡연율이 증가하고 있다고 하는데, 다양한 색상과 디자인으로 출시된 액상 전자담배도 일반 담배와 똑같이 호흡기 질환, 심장 등 여러 질환의 발생률을 높이고 니코틴으로 인한 심한 중독성을 초래한다. 그런데 과거에는 담배가 건강에 좋은 것으로 여겨지며 세계에 전파되었다.

  담배의 원산지는 남아메리카다. 지금으로부터 3천~4천 년 전 남아메리카에 살던 이들은 담배의 잎을 불에 태워 연기를 쐬거나 냄새를 맡기도 하고, 조개의 석회질과 섞어 씹는 등 다양한 방법으로 담배를 즐겼다. 그들이 담배를 즐긴 이유 중 하나는 종교적 이유였다. 6세기에 세워진 마야 문명의 유적지에는 흡연하는 신의 모습이 새겨진 유물도 있는데, 남아메리카의 고대 민족들은 그 신을 짐승 등으로부터 자신들을 보호하는 신의 화신으로 여겼다. 또한 담배에 질병 치료와 각성 효과, 피로 회복 효과가 있다고 여겨 오랫동안 담배를 즐겼다.

  남아메리카의 담배가 전 세계로 전파된 계기는 15세기 말부터 진행된 신항로의 개척이다. 아시아로 가는 새로운 항로를 탐색하다가 새롭게 알게 된 아메리카 대륙에 유럽인들은 많은 관심을 가지며 대륙의 사람들과 그들의 식생 등 다양한 방면을 조사했다. 당시 담배는 의학직 효능이 있는 만능 약으로 유럽에 소개되었고, 담배를 헌상받은 프랑스 왕실에서는 담배를 두통약으로 사용하기도 했다.

  이처럼 유럽에 소개된 담배는 설탕과 더불어 수요가 많았고, 17~18세기에 유럽, 아프리카, 아메리카 대륙을 잇는 삼각 무역에서 주된 교역 물품으로 여겨지며 널리 재배되었다. 이 시기에 한반도에도 담배가 전파된 것으로 보인다. 조선의 여러 기록을 통해 담배는 남쪽 일본에서 전해졌다고 해서 남초(南草)라고 불리며 17세기 초인 광해군 때부터 유행했음을 알 수 있는데, 17세기에 저술된 《지봉유설》에 따르면 "병든 사람이 그 연기를 마시면 능히 가래를 제거한다"라고 쓰여 있는 것처럼 의학적 효능이 있다고 여겨져 유행했다.

의학적 연구가 발달한 현재는 담배가 건강에 위협이 되기 때문에 배척되고 있는데, 과거에는 다른 이유로 담배가 배척되었다. 16~17세기에 걸쳐 영국을 다스리던 국왕 제임스 1세는 담배에서 내뿜어지는 연기가 '검고 악취가 난다'고 표현했고, 담배 연기가 '깊은 갱 속에서 분출하는 지옥의 연기'와 비슷하다며 금연 구역을 지정하는 법안을 만들었다. 또한 1798년 조선의 임금인 정조는 담배 재배를 금지할 것을 요청하는 상소문을 받았다. 상소문에 따르면 담배를 재배해 판매하는 것이 이득이 되자 농민들이 비옥하고 평평한 땅에 곡식 대신 담배를 심어 곡식 생산이 줄어드는 문제가 발생했다고 한다. 따라서 담배 경작과 담배 피우는 것을 금지하자는 주장이 제기되었다. 건강 문제 대신 다른 이유로 배척했던 것을 보니 과거 사람들은 담배가 건강에 해롭다는 것을 잘 몰랐던 것 같다.

과거 담배의 이런 위상과 달리 담뱃잎에 가장 많이 포함된 니코틴은 중독성이 강하고 중추 신경과 말초 신경을 흥분시키거나 마비시킨다는 위험성이 있다. 또한 담뱃잎을 태울 때 발생하는 타르는 대표적인 발암물질로 담배 연기를 통해 폐로 들어가서 우리 몸의 모든 세포와 장기에 피해를 준다. 그러나 1930년대 영국의 한 담배 회사는 의사 2만679명이 해당 회사의 담배가 덜 자극적이며 맛이 있다고 말했다는 광고 포스터를 내보낼 정도로 담배의 위험성을 외면했다.

1950년대 미국에서 흡연으로 인한 피해자와 가족들이 담배 회사에 손해 배상 소송을 제기하기 시작했다. 약 40년간 흡연으로 인한 질병에 대해 담배 회사에 의료비를 청구하는 등 여러 소송이 이어졌지만 모두 패소했다. 하지만 1995년에 담배 회사의 문서가 유출되면서 상황은 반전되었다. 해당 문서에는 담배의 성분이 인체에 악영향을 끼치지만, 이 사실을 숨기기 위해 했던 여러 행동이 담겨 있었다. 결국 문서의 유출로 담배 회사가 담배의 위험성을 알고도 숨겼다는 점이 밝혀지자 이후 소송에서는 소비자들이 승소하는 사례가 늘어났다.

  최근에는 전자담배, 액상 담배 등 다양한 형태의 담배가 등장하며 또다시 소비자들을 흡연으로 유혹하고 있다. 어떤 형태의 담배이든 우리 몸에 좋지 않다는 점을 명심하자.

함박눈 내리는 날만 기다려

눈싸움

 2024년 1월, 강원도에서 청소년 동계올림픽이 개막했다. 청소년 동계올림픽의 마스코트는 천진난만한 표정이 매력적인 뭉초다. 뭉초는 지난 2018 평창 동계올림픽의 마스코트였던 수호랑과 반다비가 눈싸움하던 눈뭉치에서 태어났다고 한다. 어린아이부터 어른들까지 모두 즐기는 눈싸움. 그렇다면 옛사람들은 눈싸움을 어떻게 즐겼을까?

 어린이날을 만든 소파 방정환이 발간한 《어린이》라는 잡지에는 '새롭고 재미있는 눈싸움 법'이라는 글이 있다. 이 글에 따르면 눈이 오면 모든 아이가 추위를 이기며 눈싸움하는데, 기존의 눈뭉치를 들고 서로 때려 맞추는 방식은 규칙도 없고 사람을 때리는 형태라 방정환은 좋지 못하다고 여겼다. 그래서 규칙을 만들어 더욱 재미있고 덜 폭력적인 새로운 방식의 눈싸움을 제시했는데, 바로 편을 나눠 깃발이 꽂힌 성을 쌓고 눈뭉치로 깃발과 성을 먼저 무너트리는 편이 이기는 방식이다. 이 방식으로 눈싸움할 때 눈뭉치에 맞은 사람을 퇴장시키고 눈뭉치에 돌을 넣는 불법행위를 찾아내는 심판도 두어야 한다. 그는 이런 새로운 눈싸움을 통해 어린이들이 규칙과 양심을 지키며 덜 폭력적인 방법으로 눈을 즐기기를 바랐다고 한다.

유럽에서는 어린이들이 눈싸움하는 모습을 그린 그림이 있다. 피에르 에두아르 프레르라는 프랑스 화가가 19세기에 그린 작품으로, 커다란 책가방을 메고 귀마개와 모자를 꼼꼼히 쓴 어린이들이 정신없이 눈을 뭉치고 서로 던지면서 눈싸움하는 그림이다. 이 그림에서 재미있는 점은 계단을 기점으로 고지대와 저지대로 나누어 눈싸움한다는 점이다. 보통 무엇인가를 던질 때 위에서 아래로 던지는 것이 그 반대보다 훨씬 세게 던질 수 있다. 그래서 그런지 계단 위에 있는 아이들은 신나게 눈뭉치를 던지고, 계단 아래에 있는 아이들은 위에서 쏟아내는 눈을 막아내는 자세를 취하고 있다. 이 그림을 통해 19세기 프랑스 아이들의 놀이 시간을 엿볼 수 있다.

그렇다면 1년 중 6개월간 눈으로 덮인 스웨덴, 덴마크, 노르웨이 등 스칸디나비아반도 지역에서는 어떤 눈놀이가 발달했을까? 놀랍게도 이 지역은 다른 지역과 달리 눈과 얼음을 부정적으로 여겼다. 천둥의 신 토르로 유명한 북유럽 신화는 고대 스칸디나비아반도에서 살던 사람들의 생각을 보여주는데, 햇빛도 비치지 않고 얼음으로 뒤덮인 혹독한 추위와 맞서 싸우던 스칸디나비아반도의 사람들은 추위와 얼음을 악한 것으로 여기고 극복해야 할 대상으로 생각했다.

그들은 얼음이 녹은 시기에만 잠시 농사를 짓고, 겨울이 찾아와 세상이 눈과 얼음으로 뒤덮이면 사냥과 어업으로 긴 추위를 버텨야 했다. 그래서 북유럽 신화에 따르면 눈과 빙하의 땅인 요툰하임에 사는 거인들이 신과 인간에게 복수할 기회를 노리고 있으며 거인들은 북쪽의 광풍과 서리를 몰고 인간들의 세상에 온다고 한다. 특히 천둥의 신 토르는 거인들이 인간의 농토를 딱딱한 얼음으로 감싸는 것을 막기 위해 묠니르의 힘으로 싸웠다고 한다. 또한 스위스에서는 거인이 어깨와 이마에 쌓인 눈과 얼음을 마구 털어낼 때 눈사태가 일어나는 것이라는 옛이야기가 전해져 온다. 이처럼 눈이 너무 많이 오는 지역에서는 눈을 극복하기 위해 사용한 것 중 하나가 스키였다. 스키는 스칸디나비아반도의 눈 덮인 구릉지에서 교통수단으로 발달했고, 병사들이 스키를 타고 전생에 나시기도 했다.

지역과 기후에 따라 눈은 즐거움을 주지만 극복해야 할 위험한 존재로 여겨지기도 한다. 눈싸움이 재미있어도 길에 덮인 눈은 빙판길이 되어 사람들을 다치게 한다. 눈놀이하고 난 뒤에 길가의 눈을 치우며 따뜻한 마음을 실천하는 것은 어떨까?

황충으로부터 나라를 구하라

해충

  2025년 6월, 서울, 경기, 인천 등 수도권 지역에서는 러브버그로 피해가 심했다. 특히 인천 계양구에서는 러브버그를 방제해 달라는 민원이 작년보다 7배나 증가했다. 러브버그는 독성이나 전염병 유발 가능성이 없어 해충으로 분류되지는 않지만, 이처럼 대규모로 나타나면 시야 방해, 악취 등으로 사람들의 일상생활에 불편을 준다.

  7월이 되어 러브버그는 눈에 띄게 사라졌는데, 그것은 러브버그의 성충들이 수많은 알을 낳고 죽었기 때문이다. 러브버그 암컷 한 마리는 300~500개의 알을 낳는데, 유충 상태로 땅속에 있을 가능성이 크다. 러브버그 유충은 약 1년간 땅속에 살다가 내년 6월쯤 다시 나타난다. 게다가 러브버그의 주요 천적이 확인되지 않았기 때문에 대량으로 출몰하는 현상이 반복될 수 있다. 현재 우리가 느낄 수 있는 해충 피해는 러브버그이지만, 과거에 생존에 가장 위협이 되는 해충은 메뚜기떼였다.

메뚜기떼로 인한 피해는 동양과 서양에서 모두 찾아볼 수 있다. 서양에서는 메뚜기떼를 Locust라고 불리는데, '먹어 치우다'라는 말에서 파생된 명칭이다. 이들은 잡식성으로 바람의 방향을 따라 이동하며 닥치는 대로 먹어 치우는 습성이 있어 농작물 피해를 일으킨다. 메뚜기로 인한 피해는 인류가 농작물을 재배한 무렵부터 현대까지 계속해서 이어지고 있다.

고대 이집트의 무덤 부조에는 종종 메뚜기 그림이 나오는데, 이집트에서 메뚜기가 어떤 의미인지는 《구약성서》 중에서 기원전 1300년대에 이스라엘 백성이 이집트에서 겪은 고난기를 담은 〈출애굽기〉 편을 보면 알 수 있다. 〈출애굽기〉 10장에는 주의 명령을 거부한 파라오를 응징하기 위해 주가 이집트 땅으로 메뚜기떼를 보낸 일이 기록되어 있는데, 메뚜기떼가 이집트의 모든 풀과 나무의 열매를 모두 먹어 치워버리자 결국 파라오는 주에게 용서를 구했다는 내용이다.

이외에도 고대 바빌로니아인들이 남긴 설형 문자 점토판에는 월식으로 인한 재앙을 예언하고 있는데, 왕이 죽거나 대규모 군대가 전멸한다는 예언 외에도 '메뚜기떼가 이 땅을 공격할 것이다'라는 예언도 기록되어 있다. 농경을 최초로 시작한 메소포타미아 지역에서도 메뚜기떼의 창궐은 왕의 죽음과 군대의 전멸에 준하는 큰 재앙이었다.

  메뚜기떼로 인한 피해를 신의 형벌이자 재앙으로 생각하는 태도는 동양에서도 마찬가지다. 황충으로 불리는 메뚜기떼로 인한 곡식 피해는 고구려의 광개토대왕, 신라의 원성왕 때도 기록될 정도로 중요한 일이었다. 고려 시대부터는 황충으로 인한 피해를 해결하려는 움직임도 나타난다. 과거에는 가뭄이 들거나 자연재해가 일어나면 왕이 부족한 탓이라고 여겼기 때문에 황충을 물리치기 위한 제사를 지내거나, 공정하지 못한 형벌 처리를 되돌아보며 억울한 죄수들을 풀어주고, 왕이 먹던 반찬의 가짓수를 줄이기도 했다. 고려 시대에도 황충은 왕을 벌주기 위한 하늘의 형벌로 여겨진 것이다.

  조선 시대에도 황충으로 인한 피해가 《조선왕조실록》에 340건 이상 언급될 정도로 잦았다. 조선 시대의 발전된 점은 황충의 피해를 예방할 수는 없지만 피해를 복구하기 위한 방법을 찾고자 노력했다는 것이다. 태종 대에 황충의 피해가 발생하자 백성들의 식량이 부족해질 것을 염려해 금주령을 내리기도 하고, 수령에게 메뚜기를 잡으라고 지시하기도 했다. 메뚜기가 사람이 다 잡을 수 없을 정도로 많으면 어쩔 수 없지만, 수령이 메뚜기 잡는 일에 힘쓰지 않아 곡식 피해가 발생한다면 왕의 명령을 따르지 않았다는 명목으로 죄를 내린다고 엄포했다. 현대에 러브버그와 같은 해충 피해가 발생하면 관할 관공서에서 방제하고 민원을 해결하는 것처럼 조선 시대에도 황충으로 인한 피해를 책임지는 것은 고을의 수령이었다.

  조선 후기의 실학자 정약용이 수령이 해야 할 일을 서술한 저서 《목민심서》에도 수령이 해야 할 중요한 일에 황충의 재난이 발생했을 때 대처하는 일이 적혀 있다. 이 책에 따르면 황충이 물러나기를 기원하고 때려잡는 것이 수령으로서 백성의 어려움을 덜어주는 일 중 하나였다. 또한 정약용은 과거 황충의 피해를 예방하려 한 일화를 소개했는데, 중국 한나라와 당나라 때 메뚜기를 잡아 관청에 가져오면 돈을 지급하니 황충으로 인한 피해를 막을 수 있었다고 한다.

기억에 오래 남는 상징물
마스코트

  2025년, 어린이날을 맞아 프로야구 구단들은 어린이들에게 인기 있는 캐릭터들과 합작한 유니폼을 선보였다. 하츄핑, 바오 패밀리, 브롤스타즈, 피카츄 등 최신 유행하는 캐릭터들이 대거 등장했는데, 대전을 연고로 하는 한화 이글스는 색다르게도 1993년 대전 세계박람회의 마스코트인 꿈돌이 유니폼을 출시했다. 귀여운 꿈돌이가 등장한 유니폼은 어린이뿐만 아니라 과거를 추억하는 어른들에게도 선풍적인 인기를 끌었다. 시간이 지나도 사람들 기억에 남아 있는 꿈돌이 같은 마스코트가 어떻게 시작되었는지 알아보자.

  우리가 주로 접하는 마스코트는 스포츠팀을 상징하는 캐릭터, 올림픽과 같은 행사를 홍보하기 위한 대표 캐릭터다. 그러나 원래 마스코트는 행운을 빌어주는 부적이었다. 마스코트라는 단어는 프랑스어로 '마녀'를 뜻하는 'mascot'에서 유래했다. 원시 시대의 마녀는 주문이나 약초를 써서 병을 고치고, 신께 기도하는 주술사의 역할을 하는 여성이었다. 크리스트교에서 마녀를 이단으로 규정하고 퇴출하기 위해 자행했던 끔찍한 마녀사냥이 나타나기 전까지 마녀는 행운을 빌어주고, 신과 연결하는 긍정적인 주술사의 이미지를 가졌다. 그래서 마녀를 뜻하는 마스코트는 불행을 퇴치하고 행운을 가져다주는 부적의 의미였다. 따라서 과거의 마스코트는 네잎클로버, 호랑이의 발톱과 같은 물건이었다. 특히 네잎클로버는 현재까지도 행운을 상징하는 부적으로 여겨지는데, 이는 마법과 관련되었다고 여겨진 고대 켈트족의 사제들이 십자가 모양의 네잎클로버를 통해 악마를 피할 수 있다고 믿었던 것에서 유래했다.

캐릭터 형태의 마스코트가 등장한 배경은 1928년에 탄생한 미키마우스와 같은 캐릭터 산업의 성장이었다. 미키마우스, 슈퍼맨, 뽀빠이, 도날드덕 등 캐릭터들이 지금까지도 인기를 끌며 애니메이션, 영화를 넘어 패션, 문구류, 인형 등 다양한 제품에 활용되는 것을 볼 수 있듯이 캐릭터 산업은 막대한 매출을 올릴 수 있었다. 캐릭터 산업의 흥행에 따라 올림픽과 같은 큰 행사에서도 마스코트를 내세우며 캐릭터 산업에 참여했다.

마스코트가 처음으로 등장한 올림픽은 1972년의 뮌헨올림픽이다. 뮌헨올림픽의 이미지를 전 세계에 부각시키려는 의도로 발디라는 닥스훈트가 마스코트로 등장했다. 닥스훈트는 독일 사람들이 많이 기르는 강아지이기 때문에 마스코트로 선정되었다. 뮌헨올림픽에서는 마스코트인 발디의 모양에 따라 마라톤 코스를 구성했는데, 발디의 목에 해당하는 위치에서 선수들이 출발했다. 이외에도 월드컵, 각종 정부 단체, 엑스포와 같은 큰 행사에서는 마스코트를 지정해 홍보하고 마스코트를 이용한 상품으로 수익을 올렸다. 또한 전 세계의 스포츠팀들도 자기 구단을 홍보하고 응원하기 위해 개성 넘치는 마스코트를 만들었다.

 잘 만든 하나의 마스코트는 오랫동안 기억에 남아 널리 활용된다. 대표적으로 우리나라에서 열린 1988년 서울올림픽 당시의 마스코트인 호돌이가 그렇다. 서울올림픽 유치가 확정되자 올림픽 마스코트를 선정하기 위한 공모전이 열렸는데, 그중 가장 많은 득표를 받은 것이 호돌이였다. 호돌이는 호랑이를 모티브로 한 캐릭터이지만, 익살스러운 표정으로 상모를 돌리는 모습이라서 한국의 전통을 나타내고 역동적인 이미지를 보일 수 있었다. 호돌이는 올림픽이 끝나고도 크레파스, 물컵, 우표, 인형 등 일상 속 물건의 모델이 되어 우리나라 사람들의 생활에 함께했다. 이로써 익숙해진 올림픽과 호돌이의 이미지는 2018년 평창 동계올림픽의 마스코트로 또다시 호랑이가 선정되는 데 영향을 주었다. 2018년 평창 동계올림픽의 마스코트인 수호랑은 호돌이와 다른 귀여운 이미지의 백호였기 때문에 한국 올림픽의 전통을 이음과 동시에 참신함을 선보일 수 있었다.

잘 만든 마스코트는 지역 경제를 살리기도 한다. 앞서 유니폼으로 다시 나타난 꿈돌이가 그렇다. 1993년에 열린 대전 세계박람회의 마스코트인 꿈돌이도 호돌이를 만든 디자이너가 만들었다. 아기 우주 요정을 도깨비처럼 표현한 노란색의 꿈돌이는 지금까지도 대전이라는 지역을 대표해 곳곳에 조형물로 설치되어 관광객들의 눈길을 사로잡는다. 게다가 대전에서만 맛볼 수 있는 꿈돌이 케이크, 꿈돌이 푸딩 등 먹거리로도 등장하며 대전의 관광 산업을 살리고 있다.

한 표의 자유와 평등을 위하여
보통선거

　민주주의 국가에서 이루어지는 선거에는 네 가지 원칙이 적용된다. 보통선거, 직접선거, 비밀선거, 평등선거가 그것이다. 직접선거와 비밀선거, 평등선거는 말 그대로 자신이 직접 투표하고, 누구에게 투표했는지 비밀이 보장되고, 평등하게 한 표씩 행사한다는 뜻이다. 그렇다면 보통선거는 어떤 의미일까? 일정한 나이가 되면 조건에 따른 차별 없이 모든 국민에게 투표권이 주어진다는 뜻이다. 당연한 원칙으로 느껴질 수 있지만, 많은 이들의 노력이 없었다면 얻기 힘든 권리였을 것이다. 영국의 경우 보통선거를 위해 다섯 차례 선거법을 개정하기까지 했다.

　14세기부터 존재한 영국 의회는 1689년 '의회의 승인 없이 왕이 마음대로 과세하거나 상비군을 유지할 수 없다'라는 내용의 권리장전을 국왕에게 승인받는다. 국왕의 권력을 법으로 제한한 것으로, 근대적인 의회정치 체제를 다른 나라들보다 빠르게 갖추게 된 것이다. 이런 영국 의회는 상원과 하원으로 이루어져 있었는데, 상원은 세습 귀족과 고위 성직자들로, 하원은 지주와 상인, 시민 대표 등으로 구성되어 있었다.

영국 의회는 하원만 투표로 뽑았는데, 투표권은 당시 영국 성인 남성의 6분의 1도 안 되는 소수만 갖고 있었다고 한다. 그러던 중 산업혁명으로 농촌에 살던 사람들이 도시로 대거 이동하고, 공장 노동자라는 새로운 계급이 생겨난다. 하지만 농촌 지역의 선거구는 그대로 유지되고 도시에는 선거구가 만들어지지 않았다. 그 결과 유권자가 50명도 안 되는 농촌 지역 선거구에서는 의원들이 선출되었고, 당시 맨체스터 같은 신흥 공업 도시들에서는 의원이 나올 수 없었다.

이런 상황이 불합리하다는 목소리가 나오면서 1832년 1차 선거법 개정이 이루어진다. 불합리한 선거구 50개 이상을 없애고, 그 의석을 신흥 공업 도시들에 배정했다. 그리고 1년에 토지 임대료아 주택 임대료로 일정 금액 이상을 내는 중산층에게 선거권을 부여했다. 그러자 가난한 농민과 노동자들은 자신들의 의견을 정치에 반영할 수 없는 현실에 불만을 품었다. 그래서 1838년부터 노동자들은 투표권을 얻기 위해 '차티스트 운동'을 시작한 것이다. 차티스트 운동은 재산에 관계 없이 모든 성인 남성에게 투표권을 달라는 운동이었다. 수많은 이들이 차티스트 운동에 참여했지만 이들의 요구는 곧바로 받아들여지지 않았다. 하지만 노동자들의 계속된 요구와 유럽 전체에 불어닥친 민주주의 움직임으로 1867년 2차 선거법 개정이 이루어지고, 노동자들도 선거권을 갖게 되었다. 이후 1884년의 3차 선거법 개정을 통해 농민들도 투표권을 얻게 되었다.

하지만 이런 변화는 남성에게만 적용되었다. 여전히 영국 여성들은 투표권이 없었다. 영국 여성들도 투표권을 요구했지만 이들의 목소리는 사회적으로 외면당했다. 그러다 제1차 세계대전으로 많은 남성이 전쟁터에 나가고, 여성들이 그 빈자리를 채워 일하면서 여성의 사회적 지위가 향상하게 된다. 이런 분위기에 힘입어 1918년 4차 선거법 개정이 이루어졌다. 그 결과 남편이 재산이 있거나 자신이 일정한 재산을 보유한 30세 이상 여성에게 투표권이 주어졌다. 이후 1928년 5차 선거법 개정을 통해 21세 이상 모든 남성과 여성이 투표권을 얻는 보통선거가 실시되었다.

당연하지만 당연하지 않은

주사기
항생제
청진기
성냥
불꽃놀이

돔
LP
스트라이크존
크리스마스 마켓
피서

보험
관세
기축통화
무역 제한
만찬 · 연회
탈
용병
국군의 날
셰르파

약물을 정밀하게 주입할 때
주사기

 조카가 감기에 걸려 소아과를 따라간 적이 있다. 어린 조카는 병원에서 불안한 눈빛으로 두리번거리다 자기 순서가 되자 울음을 터트렸다. 그런데 진료실에서 열을 재고 상담만 하고 끝나니 금세 평온을 되찾았다. 대기실에 있는 아이들을 살펴보니, 조카와 같이 간단한 진료로 끝나는 아이들은 멀뚱멀뚱 편안한 모습으로 진료실을 나왔고, 예방접종처럼 주사를 맞는 아이들은 얼굴이 빨개지도록 계속 울었다. 그래서 아이들에게 병원이 무서운 이유는 주사 때문이라고 생각했다. 무섭고 아프지만 맞지 않을 수 없는 주사는 약물을 정밀하게 주입하기 위한 고민에서 발명되었다.
 주사기가 발명되기 전에 약물을 투여하는 방법은 지금도 여전

히 사용되고 있다. 가장 오래된 방법은 입으로 먹는 것이다. 약초나 가루, 즙 등의 형태로 먹는 것인데, 이 방법은 가장 간편하지만 약효가 나타나려면 위장에서 약이 소화되어야 했다. 그 과정에서 시간이 너무 오래 걸리거나, 일부 약물은 위산에 의해 파괴되어 약효가 떨어지기도 했다. 게다가 환자가 의식이 없으면 약물을 투여할 수 없고, 애써 먹은 약을 토해버리면 어찌할 방법이 없다.

또 다른 방법은 연고를 바르는 것처럼 피부를 통해 흡수시키는 것이다. 그러나 피부는 우리 몸에서 가장 강력한 방어막이기 때문에 피부에 바른 약물이 몸 안으로 침투하기가 쉽지 않다. 특히 피부 장벽을 뚫고 지방층과 근육층의 바로 위인 피하조직까지 연고가 도달하기는 어렵다. 그래서 연고는 발진이나 습진과 같은 피부질환에만 효과적이다.

이외에 점막으로 약물을 흡수하는 방법이 있는데, 코로 연기나 가루를 흡입하거나, 항문이나 질, 요도에 약을 삽입해 녹이는 좌약 형태다. 기원전 1550년경에 편찬된 이집트 의학 문헌 모음집 《에버스 파피루스》에는 천식 치료를 위해 약초를 섞어 벽돌 위에서 가열해 연기를 마시는 치료법과, 피임을 위해 대추, 아카시아, 꿀을 섞어 만든 약을 질 내부에 바르는 좌약 치료법이 소개되어 있다. 현재도 코의 점막을 이용해 스프레이형 비염 치료제를 사용하거나, 약물 남용이기는 하지만 코카인을 흡입할 때도 사용하는 방법이다. 좌약 역시 항문이나 여성 질환, 비뇨기과 질환을 치료할 때 사용된다. 이런 방법은 통증이 있는 부위에 즉시 치료 효과를 전달하기에는 좋지만, 해당 점막의 상태에 따라 약효의 흡수율이 달라질 수 있다.

살펴본 약물 투여 방법이 입을 통해 몸에 넣거나, 피부나 점막으로 스며들기를 기다리는 것이라면, 주사는 혈관에 약물을 투입하는 방법이다. 이런 주사 요법이 발명되려면 그전에 혈관이 몸 전체를 순환한다는 개념이 먼저 필요했다. 이를 처음으로 주장한 사람이 16세기 영국 의사 윌리엄 하비다.

이전까지는 음식을 섭취하면 음식물이 간으로 가서 피를 만들고, 그 피는 심장으로 가서 온몸에 퍼진다고 생각했다. 또한 당시 의료계는 인간이 혈액, 점액, 담즙, 흑담즙으로 이루어져 있다는 4체액설을 믿었기 때문에 피가 너무 많으면 땀, 소변, 대변의 형태가 되어 밖으로 배출된다고 믿었다. 그러나 하비는 인간의 혈액량이 꽤 많은데, 그것이 사람이 먹은 음식만으로 만들어지고 또 소멸해 새로 만들어지는 것이 가능한지 의심했다. 그래서 혈액이 재사용된다고 생각했고, 팔을 고무줄로 묶는 실험, 동물의 대정맥과 대동맥을 묶어보는 실험을 통해 혈액은 소멸하는 것이 아니라 심장을 통해 온몸을 재순환한다는 것을 알게 되었다. 혈액이 순환한다는 그의 주장은 기존의 통념과는 달라 많은 비판을 받았지만, 그가 죽은 때로부터 4년이 지난 후인 1657년이 되자 정설로 받아들여졌다.

하비가 혈액이 순환한다는 사실을 밝혀내자, 과학자들은 약물을 먹거나 바르는 것이 아니라 정맥 혈관에 투여하면 몸속에 더 빨리 퍼질 것으로 생각했다. 그래서 1656년 저명한 과학자 크리스토퍼 렌은 약물이 든 돼지 방광과 속이 빈 깃털을 개의 정맥에 연결해 동물을 대상으로 한 최초의 정맥 주사를 시도했다. 이후 사람을 대상으로 한 정맥 주사는 여러 번 시도되었는데, 그때 사용한 주사기는 크리스토퍼 렌의 방식과 다르지 않았다. 하지만 당시 피하에 주사하려면 피부를 절개하거나 물집이 난 부위에 주사해야 했다.

그러던 중 19세기의 의사 샤를 가브리엘 프라바츠는 뇌동맥류를 앓고 있는 환자를 치료하기 위해 뇌동맥류 치료 부위에 정확한 양의 염화철을 주입해야 했다. 뇌동맥류와 같은 동맥류 질병은 동맥벽이 약해져 동맥 일부가 풍선처럼 부풀어 오르는 병인데, 그곳에 혈류 압력이 계속 커지면 약해진 동맥벽이 터질 수 있어서 생명이 위중해진다. 당시에는 동맥류를 치료하기 위해 피를 응고시키는 염화철을 사용했다. 혈액이 일부 응고하면 혈류의 속도도 낮아져 약해진 동맥벽에 가해지는 압력도 낮출 수 있고, 응고된 혈액으로 약해진 동맥벽을 일시적으로 보강할 수 있기 때문이다. 당시 동맥류 치료는 염화철을 이용해 혈액을 응고시키는 것이었기 때문에 치료 부위가 아닌 곳에 주입하거나, 너무 많은 양을 주입하면 오히려 혈전이 생겨 환자를 위태롭게 할 수 있었다.

그래서 프라바츠는 국소적인 부위에 정확한 용량의 염화철을 주입하기 위해 직경 5밀리미터의 속이 빈 바늘과 은으로 되어 있는 몸통, 정확한 용량을 투여하기 위한 나사식 피스톤으로 이루어진 주사기를 발명해 치료에 사용했다. 비슷한 시기인 1853년에는 신경통을 치료하기 위해 모르핀을 정확하게 투여해야 했던 스코틀랜드의 의사 알렉산더 우드가 약물이 잘 보이는 유리 주사기를 발명해 사용했다. 우드는 유리 주사기에 눈금을 새겨 투여량을 정확하게 측정할 수 있었다.

이처럼 19세기에 개발된 주사기는 은, 유리와 같은 재료로 만들어진 귀한 것이었기 때문에 소독해서 재사용되었다. 그러나 아무리 소독하고 세척해도 재사용하면 감염 위험이 있었기 때문에 1956년 뉴질랜드의 약사이자 수의사 콜린 머독이 플라스틱 주사기를 만들었다. 유리보다 값싸고 간편한 플라스틱을 주사기의 몸통으로 사용하면서 주사기를 일회용으로 사용할 수 있게 되었고, 이에 따라 감염 위험도 없으며 위생적인 치료가 가능해졌다.

미생물이 바꾼 위대한 역사

항생제

　학생들과 세계사를 공부하다 보면 모두 경악하는 사건이 하나 있다. 14세기에 흑사병으로 인해 유럽의 인구가 3분의 1로 줄어든 사건이 그것이다. 흑사병은 쥐에 기생하는 벼룩이 페스트균을 사람에게 옮겨 걸리는 감염병으로, 페스트균에 감염되면 갑작스럽게 38도 이상의 열이 나고, 두통과 전신 무력감이 나타나며, 피부 속 출혈로 인해 몸에 검은색 반점이 생긴다. 이 병을 방치하면 죽음에까지 이르는데, 당시에는 이 병을 신의 형벌로 여겨 환자와 함께 모여 기도하거나 신의 형벌을 자책하기 위해 자신에게 채찍질하는 등 비과학적인 방법으로 대응해 전염병의 확산을 막지 못했다. 당시에 항생제가 있었다면 흑사병의 창궐은 해결되었을 텐데 말이다. 그래서 학생들은 흑사병 창궐 사건을 듣고 현대 의학의 발전에 감사하는 마음을 가지곤 한다.

항생제는 세균의 번식을 억제하거나 죽여 세균으로 인한 감염을 치료하는 데 사용되는 약물이다. 즉 항균 작용을 하는 물질로, 항생제가 발명되기 전에 옛날 사람들은 다양한 물질을 항균제로 사용했다. 우리나라의 민간요법을 살펴보면, 상처가 나면 지혈하고 소독하기 위해 상처 부위에 된장, 소주 등을 발랐다. 된장은 소금이 많이 들어 있어 썩지 않고 발효되기 때문에 상처가 썩는 것을 막을 수 있다고 생각해 발랐으며, 소주는 알코올 성분이기 때문에 상처를 소독할 수 있다고 생각해서 상처에 뿌렸다. 그러나 현대 의학으로 검증한 결과 오히려 된장과 소주에 들어 있는 균이 상처에 옮겨가 염증을 발생시켜 상처를 더욱 악화시키기 때문에 결코 해서는 안 되는 방법이다.

또 다른 민간요법은 상처에 꿀을 바르는 것으로, 꿀은 실제로 상처를 봉합하고 상처에 다른 균이 침투하는 것을 막았을 뿐만 아니라 항균 작용까지 해서 현재도 꿀을 이용한 치료법을 개발 중이다. 기원전 1550년경의 이집트 의학서 《에버스 파피루스》에 따르면 상처 치료를 위해 곰팡이가 핀 빵을 사용하기도 했다. 그런데 곰팡이가 핀 빵으로 상처 치료가 성공했다면 그 곰팡이는 특별한 종류의 곰팡이였을 가능성이 크다. 현대의 항생제도 곰팡이에서 추출되기 때문이다.

19세기에 활동한 프랑스 화학자 파스퇴르는 미생물을 연구했는데, 세균은 자연적으로 발생하는 것이 아니라 미생물에 의해 발생하는 것이라고 주장했다. 이를 통해 질병이나 감염은 원인 없이 생기는 것이 아니라 미생물에 의한 것이라며 미생물학을 발전시켰다. 이것이 항생제 발명을 가능하게 했다. 미생물학이 발전하기 전에는 세균이 자연에서 발생한다고 생각했다. 이에 따라 질병은 신의 벌, 악령, 나쁜 공기에 의한 것이라고만 여겨 질병의 원인을 제거할 수가 없었다. 그러나 세균과 같은 미생물이 질병의 원인이라는 사실이 밝혀지면서 질병의 원인을 직접 제거하려 했다.

처음으로 항생제를 만들려 시도한 사람은 프로이센의 화학자 폴 에를리히다. 그는 병의 원인이 되는 균만 표적해서 공격하는 약을 만들고자 했다. 그가 고민하던 1900년대 초는 매독이 크게 번져 심각한 사회문제로 여겨지던 때로, 마침 1905년에 매독을 일으키는 병원균인 트레포네마 팔리둠이 발견되었다. 이에 폴 에를리히는 매독균을 제거하는 물질을 찾으려 했다. 그렇게 개발한 매독균 대상 항생제는 살바르산 606으로, 에를리히의 연구팀이 합성한 화합물들 중 606번째 시도작이기 때문에 그 명칭이 붙었다.

살바르산의 성분은 독극물로 유명한 비소로, 비소를 적정량으로 쓰면 매독균을 죽이는 데 효과가 있었다. 다만 독약에 쓰이는 만큼 강한 구토 및 설사, 피부나 위장의 손상, 심지어 죽음에 이를 수 있다는 부작용도 있었다. 무엇보다 이 약을 다루는 의사와 간호사가 비소 성분에 노출되는 위험도 있었다. 마땅한 대체제가 없어 살바르산은 계속 사용되었지만, 인간에게 해롭지 않으면서도 균만 제거하는 다른 항생제를 개발해야 했다.

그 일을 우연히 해낸 사람은 스코틀랜드의 미생물학자 알렉산더 플레밍이다. 그는 1928년에 식중독을 일으키는 포도상구균을 배양하는 실험을 하던 중 포도상구균이 담긴 페트리 접시를 배양기 밖에 둔 채로 휴가를 떠났다. 휴가에서 돌아온 그는 포도상구균이 더 자랐으리라 예상했지만, 페트리 접시에는 푸른색 곰팡이가 자라 있었고, 그 주변의 포도상구균이 녹아 없어진 것을 발견했다. 페트리 접시에 자라난 푸른색 곰팡이가 식중독을 일으키는 균인 포도상구균을 없앤 것이다. 그 푸른곰팡이의 정확한 학명은 페니실리움 노타툼으로, 빵이나 떡을 오래 두었을 때 생기는 푸른색 곰팡이의 한 종류다. 이 곰팡이는 플레밍이 포도상구균을 배양할 당시 근처 실험실에서 배양하던 것으로, 공기를 통해 이동해서 플레밍의 포도상구균 페트리 접시에 자리를 잡았다.

이런 우연을 놓치지 않은 플레밍은 페니실리움 노타툼을 배양하고 희석해서 포도상구균과 접촉했는데, 1,000분의 1까지 희석해도 포도상구균의 성장을 억제했다. 또한 이 곰팡이는 뇌수막염균, 임질균, 목감기부터 패혈증을 일으키는 연쇄상구균 등 해로운 질병을 일으키는 균들에도 항균 효과를 보였다. 그래서 플레밍은 이 곰팡이의 이름을 따서 페니실린이라는 항생제를 만들었는데, 이것은 특이하게도 병원균은 공격하지만 인간의 백혈

구를 공격하지 않아 인간에게 해롭지 않은 완벽한 항생제였다.

  물론 이 항생제를 상용화하기 위해서는 곰팡이 형태의 페니실린을 약품으로 정제해서 사람에게 투여할 수 있어야 했다. 이런 정제 작업은 미국 록펠러재단의 연구비 지원을 바탕으로 1940년대 초에 완수할 수 있었다. 때마침 많은 부상자가 발생한 제2차 세계대전 중이었기 때문에 1943년부터 페니실린은 상처로 인한 감염 치료에 실제로 사용되었고, 1944년부터는 민간에도 사용되어 많은 사람을 질병으로부터 구해냈다.

  항생제의 단점은 항생제의 공격을 받은 균들이 내성을 갖는다는 것이다. 실제로 페니실린이 사용되고 얼마 지나지 않아 페니실린에 내성을 지닌 세균이 보고되었다. 이렇게 항생제의 공격으로부터 살아남은 세균의 DNA가 항생제에 대한 내성을 갖춰 계속 변이를 반복하며 퍼져나갔다. 그래서 페니실린 이후로 5세대 항생제까지 많은 약품이 개발되었다.

아이들 장난에서 찾은 의학 혁신

청진기

대학병원에 외래 진료를 다니는 사람들이 종종 갖는 불만은 진료받기 위해 몇 시간을 기다리지만 정작 진료받는 시간은 5분이 채 되지 않는다는 것이다. 물론 대학병원 의사들은 수술과 회진, 외래 진료를 모두 소화하며 많은 환자를 보기 때문에 매우 바쁘다. 그래서 대학병원 의사들은 환자의 이야기를 세심하게 들어주며 공감하는 진료 방식 대신 환자의 증상을 통해 필요한 검사를 지시하고 검사 결과 데이터를 통해 빠르게 신난하는 진료 방식을 택하고 있다.

이런 진료 방식은 인간적인 면모가 결여되었다고 느껴질 수 있는데, 미국의 커뮤니케이션 학자 닐 포스트먼은 과거의 인간적이었던 진료 방식이 기술과 데이터 중심의 진료 방식으로 바뀐 계기가 청진기의 발명 때문이라고 말한다. 즉 환자와의 접촉과 경험에 의존했던 진료 대신 청진기와 같은 기계처럼 객관적인 정보를 통해 진료하다 보니 의사의 진료에서 인간적인 면보다는 기술적인 면모가 강조되었다는 것이다.

청진기 등장 이전의 의료 진료가 인간적이라고 여겨지는 이유는 직접 환자와 접촉하며 환자의 병을 알아냈기 때문이다. 서양 의학의 아버지라고 여겨지는 히포크라테스 때부터 사용되던 진찰법은 환자의 가슴에 귀를 대고 소리를 듣는 것이었다. 폐나 심장에서 나는 소리를 직접 들으며 몸속에서 일어나는 일을 판단하는 것인데, 이 방식은 모든 환자에게 사용할 수 없었다. 뚱뚱해서 의사가 귀를 가져다 대도 몸속의 소리가 잘 들리지 않는 환자도 있고, 의사와 성별이 달라 가슴에 귀를 가져다 대기에 곤란한 경우도 있었기 때문이다. 또한 환자와 접촉 시 전염병이 옮는다거나, 환자의 가슴팍에 사람 털에 기생하는 해충이 있을 때도 사용하기 어려운 방법이었다.

새로운 진찰 방법은 1761년에 등장했는데, 신체를 두드려 나는 소리로 진찰하는 타진이다. 이는 18세기에 활동했던 오스트리아의 외과 의사 레오폴트 아우엔브루거가 선보인 방법으로, 손가락이나 작은 망치로 신체를 두드려 그 아래의 상황을 파악하는 것이다. 타진을 통해 몸속 내장 기관의 크기와 위치를 파악하고, 몸속의 체액이나 공기가 어떤 상태인지 알아낼 수 있었다. 그의 아버지가 술통을 두들기며 통 안의 남은 술의 양을 가늠하던 것을 본 데에서 영감을 받았다고 한다.

 타진 역시 의사가 환자의 병을 알기 위해 환자와 접촉해야만 한다. 그런데 1816년 프랑스의 의사 르네 라에네크가 만난 심장병 환자는 타진 방법으로도 진찰하기가 어려웠다. 그녀가 심한 비만 체형이라서 타진으로는 그녀의 심장 소리를 듣기 어려웠기 때문이다. 몸에 살이 많아 손이나 망치로 두드려도 심장 소리를 전해 들을 수가 없었다. 게다가 직접 환자의 몸에 귀를 대기에는 환자가 젊은 여성이라 거부감을 느꼈기 때문에 그렇게 할 수도 없었다. 곤란한 상황에서도 환자의 몸에서 나는 소리를 들을 방법을 찾던 라에네크는 종이를 둘둘 말아 한쪽은 환자의 가슴에, 한쪽은 자기 귀에 대고 타진했고, 생각보다 소리가 잘 들려 그 환자를 진료할 수 있었다.

 이렇듯 최초의 청진기는 종이를 둘둘 말아 임시로 만든 것이지만, 정식으로 만든 청진기는 라에네크가 아이들이 나무 막대를 가지고 놀던 모습에 실마리를 찾아 만들어냈다. 나무 막대의 한쪽을 귀에 대고 있으면 반대쪽에서 나무 막대를 긁었을 때 긁는 소리가 들린다는 점에서 착안해 제대로 된 최초의 청진기를 만들었다. 최초의 청진기 구조는 속이 비어 있는 나무 원통이었고, 특히 환자의 몸에 닿는 부분은 내부를 깔때기 모양으로 파서 소리를 더욱 증폭시킬 수 있게 했다.

 라에네크는 청진기를 활용해 몸속에서 나는 다양한 소리를 자세히 들을 수 있었다. 라에네크는 청진기를 통해 들리는 소리를 여러 가지로 분류했는데, 그 소리로 진단한 병명은 꽤 정확했다. 대표적으로 거품이 터지는 듯한 소리를 규정한 수포음은 막혀 있던 기도나 폐포가 열리는 소리로서 폐렴, 폐부종 등의 폐 질환을 진단할 수 있었다. 또한 심장의 판막이 닫히고 대동맥판이 닫힐 때는 쿵쾅쿵쾅 소리가 규칙적으로 들리는데, 이 소리 외에 청진기에 들리는 또 다른 정체불명의 소리는 잡음이라고 규정했다. 그는 잡음을 통해 심장 판막증이나 선천적 심장병을 진단할 수 있었다.

라에네크는 나무로 된 원통형의 청진기를 사용했지만, 청진기의 유용함을 알게 된 이후의 의사들은 청진기를 개량했다. 청진기를 더 짧고 가늘게 만들어 사용하기 편하게 했고, 양쪽 귀로 청진하는 방법을 찾기도 했다. 당시 고안된 양쪽 귀 청진기는 청진음이 양쪽 귀에 들리도록 고무나 라텍스와 같은 소재를 새롭게 사용했지만, 청진을 위해서는 최소 두 명이 필요했다. 즉 원판 형태의 소리가 들리는 쪽을 의사의 양쪽 귀에 고정할 사람과 환자의 몸에 닿아 소리를 전달하는 깔때기를 환자에게 고정할 사람이다. 이처럼 손이 많이 가는 양쪽 귀 청진기는 몇 차례 개발했지만 실용화되지는 않았다.

현재 사용하는 청진기와 비슷한 형태의 양쪽 귀 청진기는 1852년 미국의 조지 필립 캠먼 박사가 개발했다. 그의 양쪽 귀 청진기는 이전의 청진기와 달리 귀에 대는 부분이 귀에 딱 맞는 크기라서 다른 사람이 잡아주지 않아도 귀에 고정할 수 있었다. 또한 환자의 몸에 닿는 깔때기 부분이 고무관으로 연결되어 의사가 환자와 불편하게 밀착하지 않아도 청진할 수 있었다. 이후 여러 차례 개량을 통해 휴대하기 좋고 소리도 더 잘 들리는 현재 청진기의 모습이 되었다.

청진기로 시작된 의료의 기계화는 현재도 계속 진행 중이다. 폐나 뼈에 이상이 생겼을 때 확인하는 X-RAY, 신체를 단층으로 촬영해 장기의 이상을 정확하게 파악할 수 있는 CT, 근육의 손상까지 세밀하게 파악할 수 있는 MRI, 그리고 인간의 영역이던 수술까지 오차 없이 해내는 로봇 수술이 그렇다. 앞서 말한 닐 포스트먼은 청진기의 등장이 의료의 기계화를 불러와 인간적인 진료 방식이 사라지고 있다고 말했지만, 의사들이 기술적인 기계를 적극적으로 진료에 도입하는 것은 인간을 좀 더 안전하고 정확하게 살리기 위한 마음의 표현이 아닐지 싶다.

불을 품은 작은 막대기의 역사
성냥

 2024년 2월 8일, 8년 동안 70만 개가 넘는 성냥을 이용해 만든 7.2미터 높이의 모형 에펠탑이 기네스북에 등재되었다. 사실 성냥 에펠탑은 초반에 기네스북 기록으로 인정받지 못했다. 시중에서 판매하는 진짜 성냥을 사용한 것이 아니기 때문이다. 제작자는 성냥의 머리를 일일이 긁어내며 에펠탑 모형을 만들다가 시간을 단축하기 위해 성냥 공장에 머리가 없는 성냥을 특별 주문해 이용했다. 그래서 기네스북 측은 진정한 성냥이 아니라며 기록으로 인정하지 않았다. 하지만 며칠 뒤 기네스북은 자신들이 너무 엄격했다며 7.2미터의 성냥 에펠탑 모형을 기록으로 인정해주었다. 사실 에펠탑 모형을 만들기 위해 일일이 떼어냈던 성냥 머리에는 많은 이들의 연구와 상처가 깃들어 있다.

19세기에 성냥이 등장하기 전까지는 유황과 같은 인화물질을 바른 나뭇가지에 부싯돌을 쳐서 불을 피워야 했다. 하지만 비가 와서 습하거나 부싯돌을 치는 솜씨가 부족하다면 불을 쉽게 피우기 어려웠다. 그런데 1826년 영국의 약제학자 존 워커는 우연히 쉽게 불을 붙일 방법을 찾아냈다. 유황, 고무 등 여러 화합물이 들어 있는 용액을 막대기로 젓던 그는 막대기를 닦기 위해 돌바닥에 문질렀는데, 갑자기 막대기에 불이 붙었다. 그는 이 현상을 이용해 최초로 마찰 성냥을 발명했다. 막대의 한쪽을 염화칼륨과 황화안티몬, 고무 등으로 코팅한 뒤 거친 표면에 문지르면 불이 붙는 원리였다. 이런 마찰 성냥은 날씨에 상관없이 불을 지필 수 있었다.

 그러나 마찰 성냥은 불을 붙일 때 펑 소리가 나며 격렬하게 점화한다는 것이 문제였다. 불꽃이 사방으로 튀었고, 불쾌한 냄새가 나서 폐가 약한 사람은 주의하라는 경고문이 성냥갑에 붙었다. 또한 가끔 마찰시키지 않아도 불이 붙어 곤란했다. 이런 문제를 해결하기 위해 성냥 머리에 백린을 씌우기 시작했다. 발화점이 낮은 백린으로 코팅한 성냥은 마찰할 때만 불이 붙어 안전하다고 여겼다. 그런데 백린을 사용한 성냥은 끔찍한 결과를 불러왔다. 백린의 증기를 마시며 일한 성냥 공장의 노동자들에게 턱뼈가 괴사하는 원인 모를 병이 발생한 것이다. 또한 성냥을 이용하는 사람들에게도 뼈가 기형적으로 변형되는 등 무서운 일이 벌어졌다. 결국 백린을 이용한 성냥은 독성이 있다고 판명되어 금지 조치했다.

진정한 안전 성냥은 1844년에 스웨덴의 화학자 구스타프 에릭 파쉬가 만들었다. 그는 독성이 있는 백린 대신 발화력이 떨어지지만 독성이 없는 적린으로 대체했다. 그리고 성냥갑에 거칠거칠한 마찰면을 만들어 성냥 머리에 포함되었던 발화 물질의 일부를 첨가했다. 이후의 성냥들은 점차 안전한 원료를 사용하며 많이 생산되었다.

현대에는 휴대용 라이터와 가스레인지 등 불을 쉽게 피울 수 있는 도구들이 대중화되면서 성냥은 자주 사용되지 않는다. 그래서 성냥은 우리에게 먼 물건이라고 생각할 수 있다. 하지만 성냥이 꼭 따라오는 자리가 있는데, 바로 케이크를 살 때다. 생일과 같은 좋은 일이 있을 때 케이크를 사면 초와 함께 성냥을 얻을 수 있다. 우리 삶 속에서 성냥은 더 이상 쓰일 일이 없다고 생각하겠지만, 케이크의 초를 붙여 다 같이 행복한 기분을 나눌 때는 여전히 성냥이 함께한다.

귀신 쫓던 놀이에서 축제로
불꽃놀이

 매년 여의도 한강공원에서는 세계 불꽃축제가 열린다. 매년 아름다운 불꽃을 보기 위해 100만 명 이상이 한강공원에 모인다. 심지어 불꽃놀이가 잘 보인다는 한강뷰 호텔과 레스토랑의 창가 자리는 프리미엄 가격에 판매되기도 한다. 이처럼 아름다운 불꽃놀이는 로맨틱한 데이트를 하려는 커플, 한강의 낭만을 즐기려는 젊은이를 비롯해 많은 이들이 즐긴다.
 불꽃놀이는 화약류를 태우거나 폭발시킬 때 발생하는 빛과 불똥, 소리, 그리고 연기를 구경하는 놀이다. 다양한 색깔의 불꽃은 금속 가루를 화약과 함께 제조해서 만들어진다. 이런 불꽃놀이는 고대 중국과 페르시아 등 여러 나라에서부터 이루어졌다. 불꽃을 만들기 위해 터트리는 것을 폭죽(爆竹)이라고 하는데, 이름

그대로 대나무 통에 종이와 화약을 다져 넣고 불을 붙여 터뜨리는 것에서 불꽃은 시작되었다.

고대 중국에서는 원시적인 화약을 이용한 폭죽을 전쟁 중 명령 전달용으로 활용했다. 또한 7세기 초 중국의 풍습을 기록한 《형초세시기》에 따르면 정월 초하룻날 집 마당에서 폭죽을 터트려 산조라는 악귀를 쫓아내는 풍습이 있었다. 산조는 깊은 산속에 사는 4개의 뿔이 달린 괴수로, 밝은 빛과 폭발음을 무서워해 폭죽을 터트리면 사라진다고 믿었다. 이런 풍습은 현재까지 이어져 중국 사람들은 춘절에 집 마당에서 폭죽을 터트리며 '폭죽 소리에 묵은해가 걷힌다'라고 믿는다.

우리나라에도 전통적인 불꽃놀이가 있었다. 강을 따라 매달아 놓은 숯가루 주머니를 태우며 떨어지는 불꽃을 감상하는 낙화놀이가 그것이다. 강을 따라 줄지어 불꽃들이 떨어져 내려온다고 해서 '줄불놀이'라고도 불리며, 주로 사월 초파일이나 정월 대보름에 선비들이 뱃놀이하며 즐겼다. 지금도 함안과 안동 지역에서는 낙화놀이 축제가 열린다.

유럽에는 불꽃놀이를 소재로 한 관현악곡도 있었다. 18세기에 헨델이 작곡한 〈왕궁의 불꽃놀이〉가 그것이다. 18세기 중엽 오스트리아의 왕녀 마리아 테레지아가 왕위를 계승하는 과정에서 8년 동안 유럽 여러 나라가 전쟁에 참여했다. 전쟁 결과 마리아 테레지아는 왕위 계승에 성공했고, 그녀 편에서 함께 싸운 영국은 축제 분위기였다. 폭죽이 터지는 듯한 드럼 소리가 인상적인

이 곡은 영국이 맺은 평화조약을 기념하는 불꽃놀이에서 연주되었다. 곡이 연주된 후 불꽃놀이가 시작되었고, 장관을 보기 위해 많은 이들이 모여 런던 최초의 교통체증까지 발생했다.

 옛날 사람들부터 지금의 우리까지 불꽃을 구경하고 싶은 마음은 모두 똑같다. 불꽃놀이가 열릴 때마다 많은 인파가 모이지만, 구경하던 사람들이 떠난 자리에는 수많은 쓰레기가 남아 있다. 아름답게 빛을 내고 사라지는 불꽃처럼 시민들도 불꽃놀이를 즐긴 뒤 머문 자리를 깨끗하게 정리하는 아름다운 마음을 지니기를 바란다.

천국을 상징하는 둥근 지붕

돔

  2024년 한국 프로야구는 천만 관중을 돌파하며 역대급 흥행을 기록했다. 그해 한국시리즈에서는 기아 타이거즈와 삼성 라이온즈가 10월 21일부터 맞붙었으며, 시리즈 동안 삼성 라이온즈는 9개의 홈런을 기록했지만 기아 타이거즈가 정교한 타선과 강력한 투수진을 앞세워 먼저 4승을 달성하며 2024년도 우승을 차지했다. 그러나 그해 가을에는 유난히 비가 잦아 역대 한국시리즈 최초로 서스펜디드 게임이 등장했다. 서스펜디드 게임은 경기 진행 중 폭우 등으로 경기를 계속하기 어렵다고 판단되면 경기를 일시 중단하고, 다른 날 멈춘 상태 그대로 재개하는 제도다.

  한국시리즈 1차전이 열린 10월 21일에는 경기 시작 전부터 많은 비가 내렸지만 경기는 예정대로 진행되었다. 양 팀 투수들이 뛰어난 제구력으로 호투하던 6회 초, 삼성 라이온즈가 홈런을 쏘아 올리며 1 대 0으로 앞서고 있었으나 비가 쏟아지면서 심판은 다음 날 경기를 이어서 진행하겠다고 선언했다. 이에 팬들은 경기 중단을 아쉬워했고, 유일한 돔구장인 고척돔에서 경기가 열리기를 바라는 이들도 있었다. 우리나라의 유일한 돔인 고척돔은 야구장으로 쓰이고 있지만, 대규모 콘서트도 자주 열리는 곳으로 항상 대관 일정이 가득 차 있는, 인기 많은 곳이다.

우리에게는 돔 형식의 건축물이 스포츠와 공연용 건물로 익숙하지만, 돔의 역사는 로마 시대까지 거슬러 올라간다. 돔은 천장을 동그란 반원 모양으로 덮은 지붕 형식의 건축물을 말한다. 원시시대부터 동그란 형태의 천장을 가진 집이 존재했지만, 대규모 건축물로는 로마 시대부터 건축되었다. 돔이라는 단어는 라틴어 'donus dei'에서 유래했으며, 대부분의 초기 돔 건축물은 신전을 의미했다. 대표적인 로마의 돔 형식 신전인 판테온은 '모든 신'을 뜻하며, 서기 118년에서 120년경에 지어진 것으로 추정된다. 판테온은 직사각형 모양의 현관 위에 원형 돔이 결합한 구조이며, 내부에는 많은 신의 조각들이 채워져 있었다. 이 건물의 동그란 돔은 신들이 존재하는 하늘을 의미한다.

로마에 크리스트교가 널리 퍼진 후에는 유럽 곳곳의 성당에도 돔이 적용되었다. 대표적인 예가 비잔틴제국의 성 소피아 성당이다. 성 소피아 성당은 532년에 유스티니아누스 대제 치세 때 콘스탄티노플에 세워졌으며, 중앙 돔의 지름은 33미터다. 성당 내부는 크리스트교와 관련된 화려한 모자이크와 벽화로 장식되었으나 1453년 오스만제국이 비잔틴제국을 멸망시키며 모자이크를 회반죽으로 덮고 뾰족한 미나렛을 추가했다.

 돔 형식은 이슬람 건축에서도 익숙한 구조로, 바위의 돔(바위 사원)은 무함마드가 승천한 예루살렘의 직사각형 바위를 보호하기 위해 691년에 완공되었다. 건물은 팔각형 구조이며, 천장은 천국을 상징하는 돔 형식이다. 돔 끝에는 이슬람교 성립의 중요 사건이자 이슬람력의 원년인 헤지라를 상징하는 달 모양의 조각이 설치되었다. 이후 아랍 지역 곳곳의 모스크에서도 돔이 기본 구조로 사용되었다.

 종교적 의미로 사용되던 돔은 1965년 최초의 돔구장 등장과 함께 스포츠 용도로도 활용되기 시작했다. 미국 텍사스 휴스턴 연고지의 휴스턴 애스트로스 홈구장인 애스트로돔은 비가 잦고 습도가 높은 기후에서 경기를 원활히 진행하기 위해 돔 지붕으로 설계되었다. 또한 습도가 높으면 나무 배트가 쉽게 부러지고, 야구공의 반발계수가 감소해 공이 멀리 가지 못하기 때문에 돔 내부에 냉난방 장치를 설치해서 습도를 조절했다. 애스트로돔은 5만 명을 수용할 수 있으며, 이 돔구장의 성공으로 휴스턴 애스트로스는 미국 내셔널리그 2위까지 오르는 성과를 거두었다. 이후 세계 각국에서 돔구장을 건설했고, 천장 개폐식 돔구장도 등장해 날씨와 상관없이 쾌적하게 스포츠 경기를 즐길 수 있게 되었다.

복고풍 열풍으로 되살아난 감성

LP

　많은 것이 손에 잡히지 않는 디지털 세상이 된 요즘, 오히려 아날로그 물건이 유행하는 레트로 열풍이 불고 있다. LP는 그 대표적인 예다. 테일러 스위프트, 아이유, 조이 등 여러 가수가 LP로 앨범을 내며 아날로그적인 감성을 담은 레트로 마케팅을 펼치자 LP가 다시 레트로 분위기의 소품으로서 부흥하고 있다.

　LP는 소리를 기록하는 음반이다. 축음기를 통해 재생할 수 있으며, 축음기에 설치된 바늘이 LP에 파인 홈을 따라 움직이며 나타나는 진동으로 음악이 재생된다. 이런 방식은 19세기 후반에 발명되었다. 그 이전에는 음악을 들으려면 직접 연주하는 방법밖에 없었다. 축음기 발명은 녹음기에서부터 시작되었다. 1857년에 프랑스 발명가 L. 스코트가 메가폰으로 말할 때 발생하는 진동에 착안해 음성을 녹음하는 방법을 발명했다. 말할 때 발생하는 진동을 원통에 기록했고, 진동에 따라 파인 홈을 통해 소리를 재생시켰다.

이후 에디슨과 벨 같은 발명가들이 녹음의 원리를 활용해 음악을 재생하는 장치를 만들었다. 1877년에 에디슨은 진동이 기록된 원통형 레코드를 돌리며 소리를 재생할 수 있는 포노그래프를 발명했다. 구리로 만들어진 원통형 포노그래프는 핸들을 돌리며 노래를 부르면 다시 핸들을 돌렸을 때 같은 소리가 나는 녹음기였다. 에디슨은 포노그래프에 동요를 녹음했다.

1885년에 벨은 구리 대신 밀랍을 바른 두꺼운 종이를 이용한 원통형 레코드를 만들었다. 이 레코드는 여러 가지 소리가 기록된 레코드를 바꿔 끼울 수 있어 오늘날 음반이라는 개념이 탄생했다. 1887년에 에밀레 베를리너는 레코드의 모양을 원판형으로 바꾸면서 현재의 LP와 비슷한 모양을 만들었다.

초기에 발명된 레코드에는 오페라와 오케스트라 교향곡처럼 당시 유행하던 음악이 녹음되었다. 유명한 작곡가 브람스의 〈헝가리무곡〉도 1889년경 에디슨의 구리 레코드에 녹음되었다. 그러나 당시 하나의 레코드에 녹음할 수 있는 분량이 적어 교향곡을 모두 감상하려면 레코드를 자주 갈아 끼워야 했다.

레코드가 LP로 발전한 것은 제2차 세계대전 이후 플라스틱이라는 새로운 소재가 실용화되면서다. 1948년 미국의 콜롬비아사는 플라스틱에서 추출한 비닐을 이용해 더 긴 시간 녹음할 수 있고 음질 문제도 개선된 LP 레코드를 개발했다. 이후 LP는 음반 시장을 장악했다. LP의 황금기인 1970년대에는 한 해에 3억 장 이상 판매되었다.

 이후 음반 시장은 LP 외에도 카세트테이프, CD, 스트리밍 등 다양한 방식으로 발전하며, 우리는 언제 어디서나 음악을 즐길 수 있게 되었다. 그러나 유행은 돌고 돈다는 말처럼 음악을 즐기는 방법이 편리하고 다양해진 지금, 사람들은 다시 LP를 찾고 있다. 그러니 지나간 것들이 다시 우리의 일상에 찾아올 것을 기다리며 음악을 즐기자.

프로야구, 로봇이 심판하다
스트라이크존

한국 프로야구 리그(KBO)는 세계 최초로 로봇 심판을 도입했다. 2024년 시즌부터 ABS(자동 투구 판정 시스템)가 적용되어 스트라이크와 볼의 판단은 심판이 아닌 야구장에 설치된 전용 카메라를 통해 기계적으로 이루어진다. 지금까지 야구 경기에서 투수가 던지는 공은 포수 뒤에 있는 심판이 주의 깊게 보고 볼과 스트라이크를 판정했다. 심판이 직접 보고 판정하다 보니 볼과 스트라이크의 경계에 있는 공에 대해서는 심판 판정 시비가 발생하며 양팀의 신경전이 과열되고 경기 흐름을 끊는 경우가 많았다. 그래서 KBO에서는 경기의 공정성을 위해 ABS라는 로봇 심판을 도입했다.

야구의 스트라이크존은 홈플레이트를 기준으로 타자의 팔꿈치 부분부터 무릎 아랫부분 사이의 공간으로, 타자가 칠 수 있는 공이 들어오는 영역을 의미한다. 이 공간에 온 공을 타자가 제대로 치지 못하면 스트라이크가 선언된다. 한 타자당 스트라이크를 세 번 받으면 아웃이 된다. 이런 아웃 규칙은 1845년에야 생겼다. 그 이전의 야구에서 투수는 타자가 공을 맞힐 때까지 계속 공을 던져야만 했기 때문에 경기 시간이 무한정 늘어나곤 했다. 뉴욕 니커보커 야구클럽에서 야구를 즐기던 동호인 알렉산더 카트라이트는 실력 없는 타자가 공을 칠 때까지 기다리다가 경기가 지루해지는 문제를 해결하기 위해 삼진 아웃 제도를 도입했다.

초기의 삼진 아웃 제도는 '타자가 헛스윙을 세 번 할 경우 아웃'이라는 단순한 내용이었다. 이 제도는 경기 시간을 줄이려는 목적이었지만 경기 시간을 획기적으로 줄이는 데는 한계가 있었다. 이기고 있는 팀의 타자가 일부러 스윙하지 않고 시간을 끌어 경기를 지연하는 경우가 꽤 있었기 때문이다. 이에 따라 1871년에 스트라이크존이 등장했다. 타자는 투수에게 낮은 공과 높은 공 중 하나를 골라 요구했고, 타자가 요구한 대로 공이 들어오는 공간이 스트라이크존으로 정해졌다. 스트라이크존에 공이 들어오지 않으면 볼로 선언되었고, 볼이 총 아홉 번 선언되면 타자는 1루로 출루할 수 있었다.

타자가 공의 위치를 요구하는 규정과 9볼 제도는 여전히 타자에게 유리했다. 이에 조정을 거쳐 1887년에 타자가 투수에게 공의 위치를 요구하는 규정을 폐지했고, 1889년에 4볼과 3스트라이크라는 현재의 규정으로 정착했다. 이로써 투수와 타자의 균형이 맞춰졌으며, 타자가 공을 기다리며 경기가 지루해지는 문제를 해결할 수 있었다. 또한 투수들은 타자가 치기 힘든 공을 스트라이크존에 넣어 삼진을 잡기 위해 더 빠르고 정확한 투구를 연습해야 했고, 타자들은 어떤 공이 볼인지 스트라이크인지 가려내는 선구안을 길러야 했다.

홈플레이트 위에서 타자의 팔꿈치부터 무릎 사이의 가상의 공간인 스트라이크존을 관찰해야 하는 사람은 심판이다. 그러나 스트라이크존은 실제 눈에 보이는 경계가 분명한 것이 아니고, 심판 또한 사람이라 심판의 컨디션과 경기 상황에 따라 판정이 한결같을 수 없었다. 이에 대해 KBO 출범 이후 은퇴할 때까지 2천 회가 넘는 경기에서 심판을 맡은 이규석 대한야구협회 기술이사는 "스트라이크존은 경기를 진행하면서 다듬고 만들어가는 것"이라고 말했다. 그에 따르면 심판은 투수의 투구를 지켜보면서 스트라이크존의 범위를 정하고, 경기의 흐름에 따라 스트라이크존을 넓게 볼지 좁게 볼지 모두가 동의할 만한 수준 내에서 판정했다.

관중과 선수들은 열정적으로 경기에 임하지만, 애매한 공에 대한 심판의 결정을 쉽게 받아들이지 않았다. 결국 판정 시비를 줄이기 위해 우리나라에서 세계 최초로 ABS라는 로봇 심판이 등장하게 된 것이다. 포수 뒤에 있는 심판은 이어폰으로 전해지는

ABS의 판정을 참고해 최종적으로 판정한다. 세월이 흐르면서 야구의 경기 규칙은 변화하고 있으며, ABS 외에 또 어떤 기술이 등장할지 기대된다.

크리스마스를 기다리는 사람들

크리스마스 마켓

　매년 12월이 되면 서울 광화문에 크리스마스와 새해를 맞이해 크리스마스 마켓이 열린다. 대형 트리와 아름다운 조형물들, 광화문 라이팅쇼까지 볼거리가 가득하다. 특히 아기자기한 공예품들과 먹거리를 살 수 있는 광화문 크리스마스 마켓도 반드시 들러야 할 곳 중 하나다.

　크리스마스 마켓의 원조는 독일이지만, 지금은 전 세계 사람들을 끌어들이는 관광지 역할을 하며 영국, 체코, 미국을 비롯한 여러 나라에서도 열리고 있다. 크리스마스 마켓에 대한 오래된 기록은 1384년 독일 지역의 바우첸에서 확인할 수 있다. 크리스마스가 되기 전 네 번의 주일을 포함하는 대림절의 단식이 끝난 후 먹을 것과 겨울나기에 필요한 물건들을 살 수 있도록 그 지역의 제후가 허가해서 단 하루 동안 열린 시장이 크리스마스 마켓의 기원으로 추정된다. 이후 크리스마스를 기다리며 먹을 것과 그 지역의 특산품, 수공예품을 거래하며 지금까지 이어지고 있다. 즉 크리스마스 마켓은 유럽의 전통적인 풍습이 지금까지 잘 보존된 것이다.

유럽의 유명한 크리스마스 마켓을 살펴보자. 첫 번째는 '프랑크푸르트 크리스마스 마켓'이다. 독일의 대표적인 교역 도시였던 이곳은 1393년에 처음 크리스마스 마켓이 열렸는데, 지역 상인과 제조업자를 보호하기 위해 외지 상인들은 물건을 팔 수 없었다. 이곳에서 가장 유명한 것은 호두까기인형이다. 1870년경 호두까기인형과 쥐의 싸움이 담긴 환상적인 내용의 동화가 유행하면서 호두까기인형이 잘 팔렸다.

두 번째는 독일 드레스덴 지역의 '슈트리첼 크리스마스 마켓'이다. 이 시장은 1434년 12월 23일에 당시 통치자인 프리드리히 2세의 아량으로 하루 동안 정육 시장이 열렸는데, 이것이 드레스덴 지역 크리스마스 마켓의 기원이다. 슈트리첼은 '슈톨렌'이라는 빵을 말한다. 슈톨렌은 말린 과일과 설탕에 절인 과일 껍질, 럼주, 버터, 견과류를 넣고 만든 큰 빵으로 겉에 하얀 슈가 파우더가 듬뿍 뿌려진 것이 특징이다. 독일 지역에서 크리스마스 때 주로 먹었던 빵인데, 드레스덴은 슈톨렌의 원산지로 인정받아 지금도 크리스마스 기간에는 드레스덴 슈톨렌 보전협회에서 슈톨렌의 품질을 검사한다. 슈트리첼 크리스마스 마켓은 드레스덴의 명물인 슈톨렌과 그릇, 장난감과 같은 수공예품을 판매하며 명성을 이어간다.

  마지막은 크리스마스트리의 유래와 관련된 '스트라스부르 크리스마스 마켓'이다. 프랑스에 위치한 이곳은 과거 독일의 영토였으며, 크리스마스트리의 재료가 되는 전나무의 발상지로 알려져 있다. 1605년 이 지역의 여행기에는 크리스마스에 색종이로 만든 장미꽃과 사과, 설탕 등을 장식한 나무를 세웠다고 기록되어 있다. 이런 트리는 17세기에 독일 궁정에서 유행했고, 18세기 이후 영국의 하노버왕조가 이 풍습을 받아들이면서 크리스마스트리가 전 세계로 퍼졌다. 스트라스부르 크리스마스 마켓은 이런 전통에 맞춰 전나무와 트리 오너먼트들을 판매한다.

  반짝이는 불빛과 트리로 아름다운 크리스마스 마켓은 현대인들에게도 연말의 따뜻하고 즐거운 분위기를 불러일으켜, 유럽의 오랜 전통을 보존하고 발전시키는 역사적인 모습이라고 볼 수 있다.

왕들은 어디서 여름을 보냈을까
피서

  2024 파리올림픽은 친환경 올림픽을 지향해 선수단 숙소에 에어컨을 설치하지 않았다. 그러나 폭염으로 선수들의 컨디션 저하가 우려되자 결국 휴대용 에어컨 배치를 허용했다. 우리나라는 친환경 특수 냉매제를 이용한 쿨링 자켓과 쿨링 시트를 준비해서 선수들이 쾌적하게 경기에 임하도록 했다. 현대의 여름은 에어컨이 없으면 버티기 어려울 정도로 오랫동안 폭염이 이어진다. 그래서 7, 8월에는 더위를 피해 시원한 계곡이나 바다로 피서를 가는 사람이 많다. 과거 사람들도 에어컨이 없는 더운 여름에는 피서를 가곤 했는데, 일부 유럽 왕조는 여름을 나기 위해 여름 궁전을 사용했다.

  먼저 소개할 여름 궁전은 프로이센의 상수시 궁전이다. 프로이센은 현재 독일 브란덴부르크 지역에 있는 왕국으로, 왕이 상비군과 관료 기구를 거느리며 절대왕정 국가로 성장했다. 특히 프리드리히 2세 때는 경제적 요지인 슐레지엔을 차지하는 등 유럽의 주요 국가 중 하나로 성장했다. 프리드리히 2세는 여름 궁전으로 상수시 궁전을 포츠담 지역에 세웠다. 포츠담은 베를린 중심부에서 약 25킬로미터 떨어진 하벨 강가에 위치하는데, 수많은 호수로 둘러싸여 있다.

  상수시 궁전은 길이 97미터의 단층 건물로, 화려한 코린트식 기둥과 대리석 홀로 이루어져 있다. 프리드리히 2세는 계몽 군주로서 학자와 문인들을 초청해 학문과 예술을 논했고, 봉건 체제에 반대하는 대표적 계몽주의 작가인 볼테르도 궁전에 머물렀다. 궁전 곳곳에는 16~18세기 명화 140여 점이 화려한 로코코 양식으로 걸려 있어 궁궐 전체가 거대한 미술관처럼 느껴진다. '상수시(Sans Souci)'는 프랑스어로 '걱정이 없다'라는 뜻이며, 포도덩굴 정원도 아름다운 조경을 자랑한다. 이렇듯 문화적으로 유서가 깊은 상수시 궁전은 유네스코 세계문화유산으로 지정되었다.

  다음으로 소개할 여름 궁전은 러시아 로마노프왕조의 페테르고프 궁전이다. 로마노프왕조는 1613년부터 1917년까지 약 300년간 러시아를 통치했다. 로마노프왕조의 표트르 1세는 서유럽 기술과 군사 발전에 관심이 많아 해외 순방을 통해 선박, 무기 등 여러 분야를 러시아로 들여와 서구화 개혁을 추진한 인물이었다. 또한 그는 의복과 수염 등 일상생활에서도 서구식 개혁을 시행했다. 그런 표트르 1세가 설계에 참여한 페테르고프 궁전은 상트페테르부르크 지역에 100만 제곱미터 부지를 차지하며 1714년부터 1755년까지 건설되었다. 이곳은 서유럽풍 바로크 양식으로 지어졌으며, 내부는 금박과 보석으로 화려하게 장식되었다. 페테르고프 궁전은 바다를 마주보고 있어 여름 궁전이라 불리며, 발트해로 통하는 핀란드만을 바라보는 분수와 수로가 특징이다.

삶과 재산, 생명을 위한 선택
보험

 2024년 12월, 미국 최대 의료보험 회사의 CEO(최고경영자)가 총에 맞아 사망하는 사건이 발생했다. 범행 현장에서 발견된 탄피에는 보험금 지급을 거절할 때 사용되는 '지연(delay)'과 '거절(deny)'이라는 문구가 적혀 있어, 의료보험 회사에 대한 원한으로 범행이 발생한 것으로 추정된다.

 이 사건은 살인사건이지만 놀랍게도 미국인들 상당수가 범인을 현대판 로빈후드라며 영웅시하고 옹호했다. 미국인들이 해당 범죄를 일부 옹호하는 이유는 미국 의료보험제도와 관련된다. 미국의 공공 의료보험은 보장 범위가 매우 좁아 사기업의 의료보험 가입자가 많다. 이번 총격으로 사망한 CEO의 의료보험 회사는 청구된 치료비에 대한 보험금 지급 거절 비율이 32퍼센트에 달해 가입자들의 불만이 많던 곳이었다.

보험은 미래에 발생할 수 있는 예측 불가능한 위험으로 인한 손실을 최소화하기 위한 제도다. 이런 성격의 제도는 고대 그리스에서 해상무역을 중심으로 발전한 모험대차와 유사하다.

모험대차는 부유한 금융가가 상인에게 항해에 필요한 자금을 빌려주고, 대신 항해를 떠난 배가 무사히 돌아오면 빌려준 자금을 22~33.3퍼센트의 높은 이자와 함께 돌려받는 제도였다. 평범하게 돈을 빌려주는 대출과 다를 바가 없어 보이지만, 항해가 실패하거나 교역이 실패하면 상인은 금융가에게 빌린 돈을 갚지 않아도 되어, 금전적 손실을 최소화할 수 있었다. 이런 모험대차는 12세기 중세 유럽에서도 이탈리아 여러 도시에서 활발히 이어졌다.

그러나 1236년 교황 그레고리우스 9세는 "가난한 자에게 이자를 받지 말라"라는 성경 구절에 따라 금융 거래에서 이자금지령을 공포했다. 이에 따라 모험대차는 소비대차로 변형되었다. 소비대차 계약서에서는 해상무역을 떠나는 상인이 금융가에게 돈을 빌려준 것으로 기록된다. 그러나 이것은 허위 계약서로 실제로는 상인이 금융가에게 돈을 빌려주지 않았다. 이런 허위 계약서를 쓰는 이유는 이 시기에 상인들이 부유해져 항해에 필요한 자금을 스스로 마련할 수 있었기 때문이다. 다만 항해가 실패할 경우 발생할 손실을 대비하기 위해 금융가가 돈을 빌렸다는 허위 계약서나 해양 무역 화물 구매 계약서를 작성해서 항해에 나선 것이다. 상인이 무사히 귀환하면 계약서는 파기되지만, 무사히 돌아오지 못하면 계약서에 적힌 금액을 금융가가 상인이나 그의 가족에게 지급하는 방식으로 손실을 보상받았다.

그렇다면 이 방식에서 금융가들은 어떤 이익을 얻었을까? 바로 현대의 보험과 비슷한 방식으로 이득을 얻었다. 이자 금지령으로 인해 돈을 빌려줘도 이자를 통한 소득을 얻지 못하게 된 금융가들은 소비대차를 원하는 상인들에게 상행위에 대한 수수료를 받으며 이익을 얻었던 것이다. 즉 상인의 해상무역이 문제없이 진행되면 수수료를 받고, 문제가 발생하면 손해를 보상하는 구조였다. 이를 통해 이자 금지령을 지키면서도 소득을 유지할 수 있어서 금융가들에게는 합리적인 수익 구조였다. 이런 소비대차는 현대 보험과 유사하다. 그래서 얼마 지나지 않아 보험이라는 제도가 등장했는데, 1348년 피사에서 작성된 보험증권 계약서가 가장 오래된 해상보험 증권으로 남아 있다.

17세기에는 새로운 종류의 보험이 등장했다. 1666년 런던에서 발생한 대화재로 런던 중심부가 나흘 동안 불에 타 잿더미가 되었고, 이 대화재로 인해 수많은 런던 시민이 삶의 터전과 재산을 잃어버렸다. 이 사건을 보고 들은 사람들은 갑작스러운 화재로 자신의 삶과 평생 모은 재산, 그리고 생명을 잃을 것을 두려워했다. 이에 치과의사 니콜라스 바본은 1667년에 화재가 발생하면 피해 금액을 보장해주는 화재사무소를 설립했고 큰 인기를 얻었다. 바본의 화재사무소가 성공하자 여러 화재보험 회사가 설립되며 화재보험은 정착되었다. 이후 질병보험, 장애 구제 보험, 자녀 보험, 파산 보험 등 다양한 보험 상품이 등장하며 보험 제도는 오늘날까지 이어지고 있다.

경제적 패권과 갈등의 역사

관세

  수업 중에 세금 이야기가 나올 때, 내가 가르치고 있는 학생들 중 절반은 자신이 세금을 낸 적이 없다고 답했다. 물건을 사거나 음식을 사 먹을 때 10퍼센트의 부가가치세로 계속 세금을 내왔는데도 말이다. 그러나 2025년에 도널드 트럼프 미국 대통령 때문에 전 세계 사람들이 한 가지 세금에 대해서는 확실하게 알게 되었다. 바로 관세다.

  관세는 나라와 나라 사이에 무역이 이루어질 때 수입하는 상품에 부과되는 세금이다. 트럼프 정부는 국가별로 관세를 자의적으로 적용해 상대 국가를 압박하거나 미국에 유리한 협정을 끌어내고 있다. 이 때문에 '관세'라는 키워드 언급량은 2024년에 비해 2025년에 매우 늘었으며, 최근 우리나라 정치·경제권 뉴스에서도 관세라는 키워드가 언급되지 않는 날을 찾기가 어렵다.

관세는 아주 먼 고대 국가에서도 존재했다. 기원전 3천 년 전 메소포타미아 지역에 있었던 고대 국가들도 다른 지역에서 물품이 자신의 국가로 들어왔을 때 세금을 부과했고, 고대 그리스에서도 상인들이 물건을 수입할 때 수입한 상품 가격의 2퍼센트를 관세로 내야 했다. 관세를 지급하지 않고 물건을 수입한다면, 즉 밀수한다면 발각 시 정상 관세의 10배를 내야 했다.

언제나 세금이 필요했던 고대 국가들에게 관세는 징수하기 쉬운 쏠쏠한 세금이었다. 고대 국가의 주된 세금 항목인 토지세는 백성들의 재산 정도를 정확하게 알아야 했으며, 농경 국가의 경우 그해 농작물의 풍흉을 미리 예견해야 정확한 세금 액수를 정할 수 있었다. 또한 인두세는 철저한 인구 조사가 선행되어야만 탈세를 막을 수 있었다. 이런 세금 항목에 비해 관세는 인구 조사나 토지, 풍흉 조사도 필요 없이 다른 국가로 통하는 길목이나 항구에서 관리가 버티고 있으면 거둘 수 있었다. 다른 나라에서 물건을 싣고 들어오는 배를 조사해서 어떤 물건이 들어왔는지, 국내에서 어느 가격으로 판매되는지를 정해놓으면 그 액수에 관세 비율을 계산해서 징수하기만 하면 된다. 그래서 로마에서도 항구세나 다른 지역에서 들어온 식품에 부과되는 벡티갈리아와 같은 세금 항목이 있었다.

현재 관세를 의미하는 영어 단어 tariff는 16세기경 스페인 지역의 요새 '타리파'에 근거를 둔 해적들이 인근 해역을 지나가는 화물선으로부터 통행세처럼 물건을 빼앗은 것에서 유래했다. 이처럼 관세는 통행세와 밀접하게 관련 있는데, 유라시아의 유서 깊은 무역로인 실크로드에도 통행세 형태로 관세가 부과되었다.

중국 장안에서 시작해 둔황, 톈산산맥, 파미르고원, 테헤란, 바그다드, 다마스커스 등 유라시아 국가들의 주요 도시를 거쳐 무역하는 실크로드는 기원전 2세기경 중국 한 무제 때 개통했다. 이후 실크로드는 중국부터 중앙아시아, 인도, 아라비아반도를 잇는 6,400킬로미터에 이르는 긴 거리의 무역로로 발전했는데, 상인들이 이 실크로드를 거쳐 가려면 많은 위험이 따랐다. 사나운 짐승이나 길을 잃을 위험처럼 자연적인 문제도 있었지만, 국경을 지날 때 내는 통행세도 상당히 위협적이었다.

실크로드 중 주요 교역로에 위치했던 중계무역 국가 파르티아에는 국경 도시에 통행세를 징수하는 관리가 있었고, 관리들은 상인들이 몰래 국경을 넘는 것을 감시하며 국경을 넘을 때 일정 비율의 통행세를 관세처럼 부과했다. 우마이아, 아바스와 같은 이슬람 왕조에서는 제국 전역에 통행료 징수 장소가 마련되어 있었는데, 내국인과 외국인에게 차별해서 징수했다. 무슬림에게는 물품 금액의 2.5퍼센트를, 외국인에게는 10퍼센트를 징수했는데, 일부 상인들에게는 일 년에 한 번 관세를 납부하면 그 대가로 통행료를 면제하는 조치도 시행했다. 즉 실크로드에서 국경을 넘을 때 내는 통행료는 관세의 성격을 갖는 것이다.

이처럼 교역로에서 각국을 통과할 때 내는 통행세나 절차에 대해 당시 상인들은 불편함을 느꼈다. 그래서 몽골 민족이 유라시아 대륙을 통합한 거대한 몽골 제국을 세울 때 아라비아 상인들이 협력했는데, 그 이유에 대해 상인들이 안전하고 활발한 무역 활동을 원했기 때문이라고 분석하기도 한다.

그러나 관세는 국가가 상인들을 괴롭히기 위해 부과하는 것이 아니다. 당시 이슬람 지역의 통행세를 징수하는 관리들은 입국하는 상인에 대한 정보를 파악하고 통제해 국가의 보안을 지키고 상인들이 안전하게 통행할 수 있도록 돕는 역할도 했기 때문이다.

당나라 때 설치된 시박사는 현대의 세관과 비슷하다고 볼 수 있다. 당나라 현종 때인 714년 당의 주요 교역항이었던 광저우에 설치된 시박사는 항구를 출입하는 선박에 대한 조사, 교역하는 물건에 대한 세금 징수, 외국 상인들의 관리를 담당했다. 해금 정책으로 상인들의 자유로운 무역을 제한한 명나라 이전까지는 시박사가 중국 왕조들의 해외 교역을 담당했으며, 외국 상인의 물품에 대한 관세는 30퍼센트 정도에 달했다고 한다. 이렇듯 시박사에서 대외 무역을 관리하고 관세를 부과함으로써 국가 세입에 이득이 되었고, 이 과정을 통해 자국에 무분별하게 들어오는 외국 세력을 확인하고, 외국의 물품이 무분별하게 국내로 들어와 국내 시장을 교란하지 않도록 감시할 수도 있었다.

이런 관세의 역할은 유럽에 절대왕정 국가가 등장한 때 절정을 맞이한다. 16~18세기 신항로 개척으로 아메리카 지역의 금, 은과 각종 물건이 유럽에 들어오자 유럽의 국왕들은 국가를 발전시키기 위해서는 금, 은과 같은 국가의 재산을 늘려야 한다고 생각했다. 이렇게 늘어난 국부를 통해 관료제를 유지하고 왕에게 충성하는 군대를 키워야 국가가 강해질 수 있기 때문이었다. 국가가 강해지면 아메리카 지역의 땅을 다른 나라보다 먼저 선점해 더욱 부강해질 수 있었다. 그래서 당시 유럽 국가들은 부유한 국가를 만들기 위해 수출은 늘리고 수입을 줄이는 중상주의 정책을 폈는데, 중상주의 정책의 핵심이 바로 관세다.

유럽 국가들은 수입을 억제해서 국가를 부유하게 만들기 위해 관세를 높이는 방법을 사용했다. 유럽 여러 국가의 공통적인 관세 상승은 상품 시장이 부족한 상황을 초래했다. 특히 18세기 후반의 산업혁명으로 유럽 곳곳에 공장이 세워지고 판매할 물건들이 쏟아져 나오는 상황에서도 유럽 국가들은 높은 관세를 여전히 유지했다. 다른 나라의 값싼 물품이 자신의 나라에 들어와 판매된다면, 자국 물품의 수요가 줄어들 뿐만 아니라 그 물품을 생산하기 위한 기술 발전도 더뎌질 것이기 때문이었다. 따라서 자국의 산업을 발전시키고 시장을 보호하기 위한 관세 정책은 제국주의와 식민 지배의 역사로 이어졌다.

영국, 프랑스, 독일, 미국과 같은 국가들은 자국 내에서 남아도는 자본을 투자해 이윤과 일자리를 창출할 곳이 필요했고, 그런 목적으로 아프리카와 아시아의 국가를 식민지로 만들어 원료와 노동력을 값싸게 수탈했다. 게다가 자국의 잉여 물품들을 판매할 상품 시장으로도 활용했다. 대표적인 사례로 인도와 영국을 들 수 있는데, 인도는 전통적으로 주요 면화 재배지이면서 가내 수공업으로 면직물을 만들어 판매하던, 세계 최대의 면직물 생산 국가였다. 그러나 영국의 식민지가 되면서 인도의 면직물 산업은 몰락했고, 영국의 면화 공급지이자 영국의 면직물을 수입하는 곳으로 전락했다.

한 국가 내에서 다양한 산업이 발달한 현대에는 관세에 대한 정책을 일관되게 추진하기 어렵다. 관세에 대한 서로 다른 입장 때문에 1861년에는 내전까지 발생했는데, 바로 미국에서 발생한 남북전쟁이다.

넓은 영토만큼이나 발전한 산업도 다양했던 미국의 남부 지역인 사우스캐롤라이나, 조지아, 플로리다에서는 담배, 사탕수수 등 농업 위주의 산업이 발달했고, 이들은 자신들의 농산품을 유럽에 판매하는 수출국의 입장이었다. 농산물 수출을 증대하기 위해서는 당연히 수입국에서 관세를 낮게 부과하는 것이 유리했고, 이에 따라 무역을 할 때 관세를 낮게 책정하는 자유무역 정책을 지시했다. 반면에 뉴햄프셔, 메사추세츠 등 상공업 위주의 북부 도시들은 상공업 분야에서 산업혁명을 먼저 진행한 유럽 국가에 비해 후발 주자였다. 이들은 유럽 중상주의 국가들이 그랬던 것처럼 관세를 높게 책정해 유럽 국가들의 물품이 미국으로 수입되는 것을 막고자 했다. 이 때문에 관세를 높게 책정하는 보호무역 정책을 지지했다. 남북전쟁이 발생한 원인에는 노예제에 대한 입장 차이도 있었지만, 국가가 관세에 대해 어떤 정책을 취할 것인지에 대한 입장 차이도 있었다.

  우리나라는 경제 성장의 대부분을 무역 관계에 의지하기 때문에 2025년 현재 59개의 나라와 자유무역협정(FTA)을 맺어 합의된 품목에 대해서는 관세를 철폐한 상태다. 특히 우리나라는 자동차, 반도체, 배터리, 석유화학, 철강 분야에서 활발하게 수출하는 나라이기 때문에 FTA로 수출 증대 효과를 볼 수 있었다. 그러나 미국, 유럽연합 등 주요 경제 대국들이 관세를 올리는 보호무역 정책을 펼치면서 우리나라는 새로운 무역 전략을 모색하고, 현재 국제 정세에서 갈등을 해결할 돌파구를 찾아야 한다. 2025년 트럼프 미국 대통령으로부터 유발된 관세 문제가 앞으로의 역사에 어떤 영향을 미칠지 궁금하다.

달러가 세계 화폐가 된 이유
기축통화

 최근 치솟는 환율 때문에 우리나라 경제가 어려움을 겪고 있다. 환율은 우리나라 돈과 다른 나라 돈의 교환 비율로, 환율을 통해 우리나라의 화폐가 다른 나라에 비해 가치가 높은지 낮은지 알 수 있다. 현대 대부분의 국가는 미국 달러와 비교해 자국 화폐의 가치를 판단한다. 따라서 환율이 오른다는 것은 우리나라의 원화로 미국의 달러를 살 때 더 많은 값을 지불해야 한다는 뜻으로, 우리나라 원화의 가치가 떨어지는 상황을 말한다.

 2024년 말에 환율이 오른 것은 윤석열 정권의 비상계엄과 탄핵 등 예측하기 어려운 국내 정치 상황으로 인해 우리나라의 화폐인 원화가 위험 자산으로 인식되었기 때문이다. 그로 인해 우리나라 기업에 대한 주식 투자가 줄어 여러 기업의 주식 가격이 하락했다. 특히 외국인들의 투자 자금 이탈이 심해 원화로 이루어진 주식 등의 자산을 팔고 달러로 바꿔 환율이 오른 것이다. 환율이 오르면 외국으로부터 구매하는 원자재의 가격이 올라 우리나라의 전반적인 물가가 오르고, 외국에 돈을 갚거나 유학비와 생활비를 보낼 경우 부담하는 비용이 더욱 늘어난다.

 달러에 대한 환율이 우리 삶에 큰 영향을 미치는 이유는 현재 달러가 기축통화이기 때문이다. 기축통화는 국가 간의 거래에 기준이 되는 화폐를 말한다. 그렇다면 지금의 달러처럼 국가 간의 무역을 주도하던 과거의 기축통화는 무엇이었을까?

 먼 옛날 사람들은 물건을 거래할 때 신뢰할 수 있는 매개 수단으로 조개, 구슬, 고래 이빨, 동물 뼈, 금속 등을 사용했다. 일종의 화폐로 사용된 것이다. 그러나 고대에 가장 안정적이고 보편적으로 인정받는 가치를 지닌 기축통화는 금화였다. 금은 균등한 품질로 세분할 수 있었고, 황금빛 아름다움으로 모든 사람이 탐내던 광물이었기 때문에 화폐 역할을 하기에 가장 적합했다.

 최초의 금화는 기원전 7세기경 소아시아 지역에 위치한 리디아 왕국에서 만들어졌다. 금과 은의 합금으로 콩알 모양의 금속 조각인 이 화폐에 가치를 표시하는 무늬를 새긴 모습이었다. 이후 페르시아, 로마 등 다른 국가들도 리디아의 금화처럼 자신들만의 고유한 화폐를 발행했다. 특히 4세기 로마의 콘스탄티누스 1세 때 주조된 솔리두스 금화는 금화의 질이 균등하게 유지되어 넓은 지역에서 천 년에 걸쳐 사용되었다.

중세 유럽 각국에서도 금화를 주조했는데, 특히 이탈리아 피렌체에서 발행한 플로린 금화는 유럽 각지에서 사용되었다. 피렌체의 금융업 집안인 페루치 가문은 14세기 유럽에 16개 지점을 내어 각국의 왕실과 귀족들에게 금화를 빌려주었다. 페루치 가문은 영국 왕실에 60만 플로린, 나폴리 국왕에게 10만 플로린을 빌려주었지만 돌려받지 못해 결국 파산했다. 이런 일이 발생할 정도로 금화는 각국의 기축통화로 널리 사용되었다.

금화는 그 자체로 가치를 지닌 물건이기 때문에 무게와 성분을 통해 그 가치를 인정받는다. 그래서 금화를 발행하는 주체가 금화의 품질을 떨어뜨려 발행한다면 화폐 가치가 하락하는 인플레이션이 발생하기도 한다. 실제로 로마 제정 시기의 아우레우스 금화는 네로 황제 때부터 재정 궁핍으로 인해 금화의 순도를 조절하는 화폐 개주가 일어나 금화의 질이 저하되었다. 그러자 금화의 가치가 실제 물건들에 비해 낮아져 물가가 상승하는 인플레이션이 발생하기도 했다.

19세기 산업혁명이 시작된 이후에는 다른 형태의 금이 화폐로 등장한다. 바로 금본위제도다. 국가의 중앙은행에서 금을 직접 보유하되 화폐로서는 금화보다 경제적이고 편리한 지폐를 유통시키는 것이다. 그 지폐는 중앙은행에 금을 보유하고 있다는 증서로 은행에 들고 가면 금으로 교환받을 수 있었다. 세계 최초로 이런 금본위제도를 실시한 나라는 영국이다. 1816년 영국은 중앙은행이 금을 보유하고, 그 금에 해당하는 가치를 지닌 파운드화를 발행했다. 다른 나라의 화폐는 금을 대신할 수 없었지만, 영국의 파운드화만이 금을 대체했다. 그래서 영국의 파운드화는 세계 무역의 60퍼센트를 장악하며 기축통화 역할을 했다.

  금본위제에서 지폐는 은행이 보유한 금의 양에 따라 발행되기 때문에 지폐를 대량으로 찍어내거나, 은행이 보유한 금의 액수를 초과해 대출해줄 수 없었다. 하지만 제1차 세계대전이 진행되며 각국은 지폐를 많이 찍어내 전쟁 비용을 마련해야 했고, 영국도 다를 바 없었다. 결국 영국은 1914년에 금본위제를 포기했다. 이에 세계의 기축통화 역할을 무엇이 맡느냐에 대한 혼란이 생겼다. 그러던 중 1944년 44개국의 대표들이 모여 미국의 달러를 중심으로 한 금본위제를 인정한 브레턴우즈 체제가 성립되었다. 미국은 당시 세계 금 보유고의 80퍼센트를 소유하고 있었기 때문에 금 1온스당 35달러의 가치를 고정하고, 다른 나라의 화폐들도 달러에 대한 환율로 고정하는 체제에 모두 수긍한 것이다. 이로써 달러는 기축통화의 역할을 하게 되었다.

  하지만 미국이 베트남전쟁 참전으로 인해 대규모 재정 지출을 하자 발행한 달러를 금으로 바꿔 주는 것이 어려워졌다. 그래서 결국 1971년에 미국도 금본위제를 포기했다. 금본위제를 포기하자 미국은 다른 나라에 빚을 지더라도 달러를 찍어내어 해결할 수 있었지만, 달러의 가치는 떨어질 수밖에 없었다. 이 때문에 최근에는 달러를 대체할 수 있는 기축통화로 위안화나 암호화폐가 주목받고 있다.

한 조각도 바다에 띄우지 마라
무역 제한

테무, 알리 익스프레스와 같은 중국의 저가 온라인 쇼핑 사이트가 국내에도 많이 알려져 있다. 2023년에 우리나라 소비자들이 중국의 온라인 쇼핑 사이트에서 구매한 금액을 통계해보니 약 3조3천억 원이었다. 우리나라 소비자들이 가장 많은 금액을 소비한 해외 쇼핑 사이트 국가는 늘 미국이었지만, 처음으로 중국이 그 자리를 차지한 것이다. 중국은 전 세계를 대상으로 상거래를 활발히 진행하는 국가이지만, 과거 명나라와 청나라 시기에는 오히려 다른 나라와의 자유로운 상거래를 제한한 적 있다.

명 태조 홍무제는 몽골이 세운 원나라를 무너뜨리고 한족 왕조를 회복한 후, "한 조각의 널빤지도 바다에 띄우지 마라"라는 해금령을 내렸다. 해금령은 민간인들이 다른 나라와 거래하는 것뿐만 아니라 바다로 배를 타고 나가는 것까지 금지하는 강력한 사무역 통제 정책이었다.

해금령은 왜구로 인한 피해 때문에 시행했다. 왜구는 13~16세기에 한반도와 중국 해안에서 약탈하던 일본 해적들을 말하며, 이들은 농경지가 없는 지역에서 빈곤하게 살던 사람들로, 주변국의 배와 창고를 약탈하거나 사람을 납치해서 보상금을 요구하는 행위를 지속했다. 왜구로 인한 피해가 심해지자 명나라 홍무제는 해금령을 내리고, 일본 무로마치 막부의 쇼군 아시카가 요시미츠에게 왜구를 단속하면 조공무역을 허락하겠다고 제안했다.

조공무역은 일본이 명에 복속한다는 증거로 조공 물품을 바치면 명이 일본에 답례품을 보내는 형식의 무역으로, 민간 상인들의 자유무역이 아닌 국가 간 무역의 형태였다. 일본 막부는 조공무역에 참여하면 불법적인 약탈 없이 명에 신하의 예를 갖춰 일본의 특산품인 구리, 유황, 도검 등을 조공하고, 그 대가로 동전, 비단, 도자기와 같은 진귀한 중국의 물품을 안정적으로 받을 수 있었기 때문에 이를 수락했다.

이에 따라 명나라에서 발급하는 입국허가서인 감합을 가진 일본 선박만 무역을 할 수 있었으며, 1404년부터 1547년까지 총 17회에 걸쳐 이런 무역이 진행되었다. 명나라는 해금령으로 민간무역을 금지함으로써 진귀한 중국의 물건을 얻으려면 중국 중심의 국제 질서에 참여해야 한다는 뜻을 주변국에 전달한 것이다. 이로써 명나라는 경제 및 문화적 우위를 이용해 주변국과 조공·책봉 관계에서 우위를 차지할 수 있었다. 이런 명의 해금령은 중국 물품에 대한 해외 수요가 높아져 밀무역이 성행하자 밀무역을 막기 위해 1567년에 일부 완화되었다.

그러나 17세기 청나라에서도 해금령이 다시 등장했다. 청나라가 해금령을 선포한 이유는 청의 지배를 반대하는 세력 때문이었다. 1644년 명이 멸망한 뒤, 만주족 왕조인 청이 중국을 차지하자 한족들이 명 부흥 운동을 전개했다. 특히 정성공의 일가는 대만에 반청 기지를 세워 3대에 걸쳐 1683년까지 청에 대항했다. 바다 너머에 청에 대항하는 세력이 유지되고 있었기 때문에 청은 해금령으로 엄격하게 해안을 통제한 것이다. 대만의 정씨 세력이 평정된 이후에는 서양 세력이 접근해 청과 교역을 하고자 했다. 이에 청은 서양 상인과의 교역을 다소 허용했으나, 한족들이 서양 상인과 결탁해 반청 운동을 일으킬까 우려해 광동 지역에서만 대외 교역을 허용했다. 이로써 광동 무역 체제가 등장한 것이다.

광동 무역 체제에서 서양 상인들은 청 왕조가 허락한 상인인 공행을 통해서만 무역할 수 있었다. 공행은 차와 비단을 독점적으로 수출하고, 면화와 모직물을 수입하며 외국 상인들에게 관세와 부가세를 징수해서 청 왕조에 납부했다. 또한 외국 상인들의 행동을 감독하고 거주 지역을 제약할 수 있는 권한도 가지고 있었다. 그러나 공행들이 명확한 규정 없이 자의적으로 관세와

부가세를 부과하고 외국 상인들의 활동 범위를 지나치게 제한하는 일이 발생하면서 서양 상인들은 광동 무역 체제에 불만을 품기 시작했다.

  그래서 영국은 1793년과 1816년에 사절단을 파견해 광동 무역 체제를 벗어나 자유무역 체제를 요구하는 교섭을 시도했지만, 청은 자신들의 땅이 넓고 산물이 많아 다른 나라의 물품은 필요 없다고 거절했다. 결국 청에 유리한 광동 무역 체제가 지속되었으며, 이로 인해 영국과 청 사이에 아편전쟁이 발생했다.

맛과 흥겨움 뒤의 역사
만찬·연회

　2023년에 우리나라 대통령이 영국을 방문해 국빈 대우를 받으며 화려한 만찬이 열린 것이 화제가 되었다. 19세기의 영국식 만찬을 재현하며 버킹엄궁에서 열린 이 만찬에서는 차려진 음식과 식기, 장식들만 4천여 가지가 넘었다고 한다. 또한 이번 만찬에서 영국 왕과 우리나라 대통령은 윤동주와 셰익스피어의 시를 서로 읊으며 상대 국가의 문화에 대한 관심도 드러냈다. 이 화려한 만찬에서 어떤 요리를 먹었을까? 수란과 시금치 퓨레로 만든 타르트, 셀러리악 크로켓과 꿩 가슴살, 망고 아이스크림 등 다양한 요리를 만찬에서 즐겼다고 한다.
　그렇다면 영국의 만찬 외에 역사 속 다른 나라에서는 어떻게 만찬과 연회를 즐겼을까?

청나라 시기 중국에서는 '만한전석'이라는 만찬이 굉장히 호사스러웠다고 한다. 만한전석은 청나라의 강희제가 만주족과 한족의 노인 2,800명을 궁궐로 초대해 사흘 동안 진귀한 음식을 먹고 즐기는 만찬이었다. 이 만찬에는 조류, 해산물, 육류, 채소류에서 각각 여덟 가지의 요리가 준비된다. 가장 진귀한 음식으로는 백조, 제비집, 상어 지느러미, 곰 발바닥, 낙타 혹, 코뿔소 꼬리, 원숭이머리버섯이 있었다. 이처럼 화려한 만한전석에는 소수의 만주족으로서 다수의 한족을 다스리기 위한 통치체제를 만들려는 강희제의 의도가 담겨 있었다.

유럽에서는 90개의 왕국과 53개의 공국이 참여한 무도회가 열리기도 했다. 많은 사람이 한 번에 모이지는 못했다고 전해지지만 어마어마한 규모였을 이 자리는 오스트리아의 외무 장관 메테르니히가 주도한 빈 회의였다. 이 회의는 1814년 9월부터 1815년 6월까지 각국의 정상들이 오스트리아의 수도 빈에 모여 프랑스혁명과 나폴레옹전쟁으로 인한 유럽의 변화를 수습하기 위해 논의했다.

프랑스혁명은 민중이 왕을 처형함으로써 유럽 각국의 왕조에 충격을 준 사건이고, 나폴레옹 전쟁은 유럽 대륙의 여러 나라가 영토를 나폴레옹에게 빼앗기며 자존심을 구겼던 사건이다. 그러나 나폴레옹이 러시아 원정에 실패하고, 결국 엘바섬에 유배 가면서 오스트리아, 영국, 프로이센, 러시아 등 여러 나라의 군주들이 모여 유럽을 어떻게 프랑스혁명 이전으로 되돌릴지 논의한 것이다. 빈 회의는 1815년에 나폴레옹이 엘바섬을 탈출했다는 소식이 들리며 혼란을 겪기는 했지만, 결국 유럽의 영토와 정치 체제를 프랑스혁명 이전 상태로 되돌리는 복고적인 빈 체제가 성립되었다.

  이렇게 정치적인 빈 회의가 왜 화려한 만찬과 연회와 관련 있을까? 빈 회의와 관련되어 각국의 정상들이 신나게 춤을 추는 풍자화가 남겨져 있다. 당시 빈 회의에서는 영토와 관련된 문제들이 심각하게 다루어졌기 때문에 오스트리아의 입장이 곤란해질 때면 메테르니히는 회의를 멈추고 춤을 추는 무도회와 연회를 열었다. 따라서 회의는 지지부진하게 진행되는 반면에 연회는 자주 열렸기 때문에 '회의는 춤을 춘다. 그러나 회의의 진전은 없다'라는 말이 등장했다. 또한 빈 회의의 연회를 통해 프랑스산 와인이 인기를 얻기도 했는데, 패전국 입장이었던 프랑스는 샤토 오브리앙이라는 와인과 유명한 프랑스 요리사의 음식을 각국 대표들에게 제공하며 열심히 국익을 챙겼다고 한다.

  화려한 만찬과 연회는 아주 즐거워 보이지만, 역사 속의 만찬과 연회에서는 맛있는 음식과 흥겨운 음악 속에도 정치적인 뜻이 숨어 있다. 이런 뜻을 찾는 것도 역사를 공부하는 재미 중 하나다.

가면에 깃들어 흐르는 마음

탈

 매년 9월 말부터 10월 초 경상북도 안동시에서 안동 국제 탈춤 페스티벌이 열린다. '세계를 하나로 만드는 문화의 춤'이라는 주제에 맞게 안동에서 30여 개국에서 온 공연 팀들이 참가해 자국의 탈과 전통 공연을 뽐내고, 하회별신굿탈놀이 등 우리나라의 전통 공연도 선보인다. 그러면 왜 안동에서 국제 탈춤 페스티벌이 열릴까? 안동이 우리나라에서 가장 오래된 목제 가면이자 국보로 지정된 하회탈의 본고장이기 때문이다. 안동 하회마을에서는 고려 시대부터 각시탈, 양반탈과 같은 여러 종류의 하회탈을 이용한 하회 별신굿 탈놀이가 이어져 왔다.
 탈은 원시 시대부터 나타났다. 사냥을 위해 짐승의 가죽을 뒤집어쓰고 짐승의 소리를 흉내 내거나, 자기 부족을 상징하는 토

템과 관련된 탈을 쓰고 종교적 의식을 했다. 이런 탈은 시간이 흐르고 국가가 건설되며 다양한 형태로 만들어지고 여러 역할을 갖게 되었다. 가뭄이 심할 때 열리는 기우제에서 탈을 쓰기도 하고, 전쟁에 나설 때 적에게 두려움을 주기 위해 탈을 쓰기도 했다. 이처럼 탈은 다양한 용도를 거치면서 전통 의식으로 자리 잡았다.

우리나라에는 역병과 악귀를 쫓기 위한 전통 의식 처용무가 있다. 처용무는 신라 헌강왕 때 처용이라는 사람이 노래와 춤으로 역신, 즉 역병의 신으로부터 아내를 구했다는 설화에서 유래했다. 이에 따라 우리나라 조상들은 처용의 얼굴을 대문에 붙여 역병과 악귀가 집에 들어오는 것을 막는 풍습이 있었으며, 고려와 조선의 궁중에서는 한 해의 마지막 날에 묵은해의 역병 기운과 나쁜 귀신들을 쫓기 위해 처용탈을 쓰고 처용가에 맞춰 춤을 추는 의식을 치렀다. 이때 쓰는 처용탈은 팥죽색 피부에 하얀 치아와 구슬을 단 귀고리가 특징이다. 현재도 울산에서는 처용문화제를 열어 처용과 관련된 전통 의식을 이어가고 있다.

아프리카에는 유네스코 인류무형문화유산으로 등재된 잠비아 지역의 마키시 가면무도회가 있다. 잠비아는 아프리카 중앙에 위치한 나라로, 잠비아 북서부의 몇몇 부족은 8~12살의 소년들을 위해 매년 무칸다라는 성인식 축제를 연다. 성인식이 열리면 소년들은 집을 떠나 야영지에서 생활하며 용기와 성인 남성으로서 필요한 덕목을 배운다. 이때 소년들은 각각 특정한 가면을 쓰고 맡은 역할에 충실하며 야영 생활을 한다. 또한 마을 사람들은 소년들이 야영지에서 돌아오기를 기다리며 축제에 참여한다. 특히 마키시 가면무도회로 성인식인 무칸다의 대미를 장식한다.

  마지막으로, 티베트 가극은 민요와 민속춤, 이야기, 기도, 곡예 등이 결합한 중국의 인기 전통 공연이다. 이 전통 가극은 커다란 얼굴 모양의 가면을 쓴 이야기꾼이 진행하는 공연으로, 641년에 티베트에 시집온 당나라 문성공주의 혼례식에서 가면을 쓴 배우가 춤과 노래를 공연한 것에서 유래했다고 전해진다. 이런 공연에 14세기 후반 티베트 승려 탕돈걜뽀가 민속 가무와 종교 음악, 종교 무용을 통합하며 현재의 티베트 가극으로 재창조되었다. 티베트 가극에서는 티베트 불교의 기도 의식, 민요와 민속춤과 곡예, 연장자가 내리는 축복 순서로 공연이 진행되며, 이런 전통을 이어가기 위해 후손들에게 적극적으로 전승한다. 현재까지도 전통을 이어가는 덕분에 유네스코 인류무형문화유산에도 등재되었다.

세계를 좌우했던 무장세력

용병

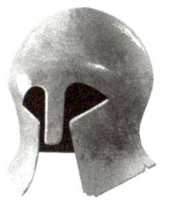

 2024년, K리그 축구팀에서 여러 용병을 영입했는데, 그중 특히 영국 프리미어리그 출신인 제시 린가드는 K리그에 참여한 역대 최고의 외국인 선수로서 큰 화제를 얻었다. 스포츠계에서는 제시 린가드를 비롯한 우리나라 프로팀에 합류한 외국인 선수들을 용병이라고 칭한다. 그런데 사실 용병은 보수를 받고 싸우는 군인을 말한다.

 역사 속의 유명한 용병들 중 하나는 게르만 용병이다. 라인강 유역에 살던 게르만족은 큰 키와 튼튼한 체격을 가졌지만 농사짓는 법을 몰라 생활에 어려움을 겪었다. 그래서 자꾸 번영한 로마제국의 도시에 침입했다. 게르만족의 침입에 골머리를 앓던 로마제국은 차라리 강인한 게르만족을 용병으로 고용해 로마를 지키게 했다. 마침 3세기경 로마에서는 황제 자리를 차지하기 위해 무력으로 싸우는 군인황제시대가 되어 게르만족은 용병으로서 활약했다. 심지어 게르만족 출신으로 로마의 장군이 된 사람도 등장했다. 강력한 시민군의 정복 전쟁으로 지중해 세계를 제패한 로마 군대는 이제 돈을 받고 싸우는 게르만 출신의 용병대로 바뀌게 되었다. 결국 476년 로마 황제의 친위대였던 게르만 용병 대장 오도아케르는 게르만족 출신 용병들을 모아 서로마 황제를 내쫓고 서로마 제국을 멸망시켰다.

두 번째는 제노바 용병이다. 제노바는 이탈리아 북서 해안에 있는 무역도시로, 제노바의 용병들은 석궁을 주로 사용했다. 활보다 더 먼 거리를 쏠 수 있고 위력도 강력해 병사의 갑옷까지 뚫을 수 있는 강력한 석궁과 파비스라는 거대한 방패는 제노바 용병들의 무기였다. 이들은 전투에 출전해 석궁을 쏜 뒤 땅에 고정된 파비스에 숨어 재장전하며 싸웠다.

제노바의 용병들은 백년전쟁 중 프랑스에 고용되어 전투에 나섰다. 프랑스의 왕위계승권을 차지하기 위해 쳐들어온 영국의 에드워드 3세는 1346년에 1만2천 명의 군대를 이끌고 프랑스 북부의 크레시 숲에서 전투 준비를 했다. 프랑스의 필리프 6세는 튼튼한 갑옷을 입은 기사들과 제노바 석궁병까지 총 4만 명의 병력을 확보했기 때문에 여유롭게 전장으로 향했다. 하지만 프랑스는 석궁병들에 맞서기 위해 6년간 훈련하며 준비한 영국의 장궁보병단을 간과했다. 180센티미터가 넘는 긴 활을 사용하는 장궁보병단은 석궁보다 2배 먼 거리에서도 화살을 정확하게 쏠 수 있었다. 프랑스 군대가 전투 태세를 갖추기도 전에 영국의 장궁보병단은 화살을 쏟아 부었고, 결국 제노바 용병들과 프랑스 군대는 큰 피해를 입고 퇴각했다. 이로써 유명했던 제노바의 석궁병들은 영국의 장궁보병단에 패배하는 역사를 남기게 되었다.

마지막 용병은 스위스 용병이다. 스위스는 인접한 바다가 없고 국토의 70퍼센트가 산악지대라 무역과 산업이 발전하지 못했다. 그 대신 장창을 지닌 강력한 민병대가 있었기 때문에 군사력을 필요로 하는 다른 나라에 가서 돈을 받고 대신 싸워주는 용병 산업이 발달했다. 스위스의 용병들은 출중한 전투력과 엄격한 규율, 충성심이 장점이었다. 심지어 프랑스혁명 시기 스위스 근위병들은 성난 민중들로부터 궁전을 지키기 위해 싸우다가 786명이 전사했다고 한다. 19세기에 스위스가 중립국의 지위를 얻게 된 이후 스위스 국민의 외국 군대 참여가 금지되어 용병 산업은 폐지되었지만, 바티칸의 스위스 용병들은 교황을 지키는 경찰 임무라고 여겨져 15세기부터 지금까지 이어지고 있다.

10월 1일, 그날의 기억들

국군의 날

　우리나라의 10월에는 태극기를 게양하는 날이 1일 국군의 날, 3일 개천절, 9일 한글날로 모두 3일이나 된다. 개천절은 단군기원 2333년 음력 10월 3일에 단군이 최초의 민족 국가인 고조선을 건국한 것을 기념하며, 현재 양력 10월 3일로 변경되어 국경일로 지정되었다. 한글날은 세종대왕이 1446년(세종 28년) 9월에 훈민정음을 반포했는데, 훈민정음해례본 원본 발견 후 '세종 28년 9월 상한'이라는 기록을 양력으로 환산한 결과 10월 9일이 되어 그날로 기념하고 있다.

　그렇다면 국군의 날은 왜 10월 1일일까? 그 이유는 6·25전쟁과 관련된다. 1950년 6월 25일에 북한군이 군사분계선인 38선을 넘어 남한을 공격하며 6·25전쟁이 시작되었고, 북한군의 기습에 대응하지 못한 대한민국 정부는 결국 사흘 만에 수도 서울을 빼앗기고 말았다. 이후 낙동강 방어선까지 내몰린 한국군은 이후 반격에 나섰고, 10월 1일에 38선을 다시 돌파했다. 그래서 이날의 의의를 되살리고 국군장병의 사기를 높이기 위해 국군의 날을 10월 1일로 정한 것이다.

우리나라의 국군의 날과 같이 중국에는 8월 1일에 건군절이라는 군사 기념일이 있다. 중국 공산당의 군대가 창설된 날을 기념하는 것으로, 1927년 8월 1일의 난창 봉기에서 유래한다. 1927년 중국에서는 공산당을 뿌리 뽑으려는 국민당의 대대적인 무력 탄압으로 국공내전이 벌어지고 있었다. 국민당의 탄압에 맞서 생존하기 위한 공산당원들은 비교적 방비가 허술했던 난창 지역을 1927년 8월 1일 새벽 2시에 공격해 점령했고, 혁명위원회도 설치했다. 그러나 국민당군이 역습해서 공산당이 패배하며 난창 봉기의 결과는 실패로 끝났지만, 이 봉기에 참여한 병력은 이후 중국 공산당군을 이루는 기초가 되었기 때문에 중국은 난창 봉기가 일어난 8월 1일을 건군절로 기념하고 있다.

미국에는 군사와 관련된 기념일로 메모리얼 데이가 있다. 우리나라의 현충일처럼 전쟁에서 목숨을 잃은 군 장병들을 추모하는 날이다. 매년 5월 마지막 주 월요일인 이날은 미국의 남북전쟁으로부터 유래했다. 미국의 남북전쟁은 우리나라의 6·25전쟁, 중국의 국공내전과 같은 내전으로, 1861년부터 1865년까지 노예제도와 무역 방식에 대한 입장 차이로 미국이 북부와 남부로 나뉘어 싸웠던 전쟁이다.

공업이 발달한 북부는 노예보다는 임금 노동자들을 고용했기 때문에 노예를 해방하는 추세였고, 산업화한 유럽 국가들에 비해 공업 경쟁력이 낮았기 때문에 관세를 높여 자국 상품의 가격 경쟁력을 확보할 수 있도록 보호 무역을 주장했다. 반면에 농업이 발달한 남부는 담배, 면화 등을 대농장 노예 경영을 통해 생산해 노예제를 강력히 옹호했고, 생산한 물품들을 다른 나라에 적극적으로 판매하기 위해 관세를 낮게 부과하는 자유 무역을 주장했다. 이처럼 북부와 남부는 지역별 산업에 따라 다른 견해를 갖고 있었는데, 1860년에 노예제를 반대하는 링컨이 대통령에 당선되자 남부의 7개 주가 미국 연방에서 탈퇴하고 미국 연방의 요새에 포격을 가하며 전쟁이 시작되었다.

치열한 전투 끝에 남부가 항복하며 전쟁이 끝났지만, 전쟁이 진행되는 4년 동안 약 60만 명의 인명 피해가 발생했다. 같은 나라 안의 너무나 많은 사람이 서로 총구를 겨누며 죽음을 맞이했기 때문에 추모하는 마음을 담아 남북전쟁이 끝난 후 1868년 5월 30일에 존 로건 장군이 전사한 병사들의 무덤에 꽃을 장식하도록 명령을 내리며 메모리얼 데이가 시작되었다. 이후 제1차 세계 대전을 겪으며 많은 전사자가 발생하자 메모리얼 데이는 남북전쟁 외에도 전쟁으로 사망한 병사들을 기념하는 날이 되었다.

에베레스트 등정의 산역사

셰르파

 최근에 만화가이자 방송인 기안84가 세계 여행 프로그램에서 네팔에 방문해 셰르파의 삶을 체험한 일이 화제가 되었다. 그는 우연히 만난 셰르파 청년들에게 짐을 한번 들어보고 싶다며 그들의 여정에 합류했는데, 거친 산길과 높은 구름다리를 건너며 히말라야 중 가장 높은 에베레스트가 보이는 마을까지 걸어가는 모습이 인상적이었다. 그와 함께 짐을 옮기는 셰르파 청년들은 30킬로그램이 넘는 짐을 지고 하루 꼬박 걸으며 산속 마을에 물건을 운반하는 일을 했다.

 셰르파는 네팔, 인도 일부, 중국 티베트 지역에 거주하는 산악 부족으로 전 세계에 26만 명 정도가 살고 있다. '셰르파'라는 명칭의 어원은 티베트어로 '동쪽'을 뜻하는 셰르(sher)와 '사람'을

당연한 것들의 역사 • 231

뜻하는 파(pa)가 합쳐진 말로, 네팔 동쪽의 티베트 지역에서 온 '동쪽 사람들'을 뜻한다. 명칭의 어원처럼 셰르파들은 티베트에서 네팔로 이주한 사람들로 티베트어에서 유래한 셰르파어를 쓰고, 티베트 불교를 믿는 등 티베트에서 유래된 문화적 전통을 어느 정도 유지하고 있다. 이들은 15세기에 네팔 지역으로 이주해 소금, 양모, 쌀 등을 교역하는 상인으로서, 야크와 소를 키우는 목동으로서, 감자와 메밀 등을 생산하는 농부로서 정착했다.

현재 셰르파들의 중심지라고 여겨지는 곳은 에베레스트 남쪽 산중 마을인 남체 바자르다. 기안84가 이틀에 걸쳐 도착한 남체 바자르에는 셰르파들을 위한 숙소와 상인들, 그리고 티베트 불교의 특징인 마니차도 있었다. 바자르(Bazaar)는 페르시아어로 '시장'을 뜻하는데, 남체 바자르는 네팔 동북부에 해발 3,440미터에 있는 곳으로 에베레스트로 가는 관문이자 히말라야와 티베트를 비롯한 여러 지역을 연결하는 교역 중심지다. 이곳은 과거에 소금, 양모, 야크 고기를 주로 교역하는 곳이었다.

고산지대에서 물건을 교역하던 셰르파들은 20세기에 새로운 역할을 하게 된다. 바로 산악인들을 위한 안내자의 역할이다. 그래서 현재 셰르파라는 명칭은 히말라야를 등반할 때 짐을 나르고 등산을 안내하는 사람이라는 의미로 더 많이 쓰이고 있다.

이들은 우연한 계기로 등반 안내인이 되었다. 1920년대 셰르파족 사람들은 인도 북부 지역의 차 농장에서 일하기 위해 대규모로 이주했는데, 그때 영국으로부터 온 에베레스트 원정대를 만나게 되었다. 조지 맬러리가 포함된 에베레스트 원정대는 셰르파들과 함께 1921년부터 1924년까지 세 차례에 걸쳐 에베레스트를 등반했다. 이들의 원정을 담은 다큐멘터리 〈에베레스트 서사시〉에서는 "셰르파들의 힘과 인내 없이는 에베레스트 등반이 불가능했을 것이다. 고산에 익숙한 이 산악민들이 우리의 여정을 가능하게 하는 짐을 나른다"라며, 셰르파들의 용기와 헌신 덕분에 험난한 구간을 통과할 수 있었다면서 등반 안내인으로서 셰르파들의 능력을 칭송했다.

등반 안내인으로서 셰르파들이 유명해진 것은 1953년 에베레스트를 최초로 오른 에드먼드 힐러리 원정대와 셰르파 텐징 노르가이 덕분이었다. 영국의 에베레스트 9차 원정대는 셰르파 359명이 10톤 이상의 장비와 짐을 나르는 데 동원된 대규모로, 이 원정대의 목적은 엘리자베스 여왕 대관식 이전에 에베레스트 등반에 성공하는 것이었다. 영국인들로 구성된 1차 등반조는 실패했으나, 뉴질랜드 출신 산악인 에드먼드 힐러리와 셰르파 텐징 노르가이가 속한 2차 등반조는 5월 29일에 성공했다. 영국의 탐험대가 세계 최고봉을 등정했다는 소식은 엘리자베스 여왕의 대관식 전날에 전달되어 발표됨으로써 여왕의 대관식을 더욱 명예롭게 했다.

그러나 사람들이 궁금해한 것은 영국의 탐험대원인 에드먼드 힐러리와 셰르파 텐징 노르가이 중 누가 먼저 정상에 도착했는가였다. 사실 그날 에베레스트 정상 바로 밑에 먼저 도착한 것은 텐징이지만, 텐징은 뒤처진 힐러리를 30분 동안 기다리고, 힐러리가 먼저 정상을 밟도록 했다. 텐징 노르가이는 당시 상황에 대해 "저 위에 황금 사과가 있다. 나는 힐러리를 밀치고 달려가야겠다고 생각하지 않았다. 우리는 천천히, 꾸준히 나아갔다"라며 힐러리를 앞세웠다.

 에베레스트에서는 모두가 한 팀이 되어 산을 넘는 목표를 이루었지만, 산 아래에서 힐러리와 텐징 간에는 넘을 수 없는 산이 있었다. 에베레스트 등정으로 헌트는 기사 작위를 받았지만, 텐징은 훈장만 받아 인종차별로 인한 불공평이 나타났다. 이처럼 셰르파는 산악인의 짐을 지고 더욱 힘들게 산을 오르고, 때로는 더 뛰어난 신체 적응력과 산악 실력을 발휘했지만, 엘리트 산악인으로 인정받지는 못했다. 2024년에 18세의 나이로 세계 최고봉 14곳을 오른 최연소 산악인이자 셰르파 니마 린지는 "셰르파들은 지금도 여전히 서양 등반가들을 돕는 사람이라는 인식에 머무르고 있으며, 등반에 뛰어난 재능을 보이더라도 후원받는 엘리트 산악인으로 나설 수 없다"라며 불공평한 현실을 호소했다. 특히 그는 셰르파들이 안전 훈련과 장비를 이용할 수 없는 문제가 바뀌어야 한다고 주장했다.

 2021년에 네팔 셰르파들로만 구성된 등반대가 난공불락으로 여겨지던 겨울철 히말라야 K2를 세계 최초로 등반해 전 세계를 놀라게 했다. 셰르파들이 조연으로만 존재했던 과거에서 벗어나 주인공으로서 산악 스포츠에 이름을 새길 날이 오길 희망한다.

♥ 에필로그

  이 책에서 다룬 소재들은 너무 지엽적인 일상 속 사물과 개념들이라 미시생활사의 영역이고, 세계사와 관련된 내용이 많아 우리나라에서 출판된 서적이나 자료에서는 참고할 만한 내용을 찾기 어려웠다. 그래서 갖은 사이트에서 소재별로 기원전, 고대, 중세, 근대별로 어떻게 불리고 사용되었는지 인터넷으로 검색하고, 지역별로는 이집트, 메소포타미아, 그리스, 로마, 유럽, 중국 등을 중심으로 찾아보며 각종 생활 도구의 기원과 풍습의 기원을 탐구했다.

  교사로서 일과 중에는 학생들과 시간을 보내야 했기에 책을 쓸 시간은 퇴근 후와 한밤중, 그리고 가끔은 이른 새벽뿐이라서 인터넷이라는 광활한 도서관을 늘 뒤졌다. 그러나 인터넷의 단점은 찾은 자료들을 모두 믿을 수는 없다는 것이다. 그래서 끊임없이 찾은 자료를 의심하고 교차 검증하는 과정을 거쳐야 했는데, 이 과정에서 언어 번역 시스템과 AI 검색 시스템이 많은 도움이 되었다. 인터넷을 이용하지 않고 연구한다는 것은 2025년인 현재는 상당히 어렵다. 서적을 찾으려 해도 어떤 내용인지, 어느 곳에 있는지, 믿을 만한 자료인지 모두 인터넷을 통해 먼저 알아봐야 하기 때문이다. 따라서 우리는 인터넷에 의존하지 않는 방법을 찾기보다는 인터넷을 잘 사용하는 방법을 알아야 한다.

사실 내가 가르치는 2010년대생 학생들은 현실적으로 인터넷 검색보다는 AI 검색 엔진에 모든 것을 의존하고 있다. 중학교 1학년을 대상으로 매년 자유 학기 수업을 진행하면서 학생들이 얼마나 AI 검색 엔진에 의존하고 있는지 체감한다. 내가 진행하는 수업은 '아무말 토론 배틀'이라는 주제 탐색 수업으로, 수업명에서도 알 수 있는 것처럼 부담 없는 토론 주제를 통해 친구들과 수다를 떨 듯 수업이 진행된다. 예를 들면 '여름 방학과 겨울 방학 중 어느 방학이 더 길면 좋을까?'와 같은 토론 주제로 수업을 진행하는데, 이 수업을 통해 토론의 기본 규칙과 대화의 예절, 논리적인 사고방식과 자신감 있게 말하는 방법을 배울 수 있다.

수업을 진행한 첫해인 2021년부터 2023년까지는 학생들이 주제에 대한 자신의 주장과 근거를 준비할 때 같은 모둠인 친구들과 열띠게 토론하며 참신하고 기발한 내용을 만들어냈다. 그 과정에서 친구들의 톡톡 튀는 아이디어와 새로운 논리 전개 방식을 함께 공유하며 듣는 태도와 말하는 태도 모두 키워나갈 수 있었다. 그런데 너도나도 AI 검색 엔진을 사용하게 된 2023년 2학기부터는 토론 수업에 임하는 학생들의 태도가 많이 달라졌다. 아무리 간단한 주제라도 자신들이 직접 생각하는 것이 아니라 어떤 내용을 말할지 AI 검색을 통해 정하는 것이었다. 그러다 보니 아이디어를 생각하고, 모둠의 대표 의견으로 정해도 괜찮을지 모둠원들과 논의하는 과정, 자신의 근거가 얼마나 괜찮은지 친구들에게 어필하는 과정이 모두 사라졌다. 모둠끼리 토론을 준비하는 시간을 주더라도 학생용 디지털 기기로 AI 검색 엔진에 물어보고 받아 적으면 끝났다. 이렇게 준비한 후 토론에 임하다 보면 학생들은 자기가 말하는 주장과 근거가 어떤 내용인지 모른 채 줄줄 외워서 말하고, 상대편은 완벽한 AI표 주장문에 말문이 막혀 대꾸도 하지 못한다. 이렇게 AI 검색 엔진은 우리 학생들이 아이디어를 내고 직접 생각하며 토론할 기회를 없애버렸다.

  자유 학기 수업뿐만 아니라 많은 선생님이 수행평가를 진행할 때도 AI 검색 엔진과 싸우고 있다. 조사하여 글쓰기 수행평가의 경우 과거에는 학생들이 백과사전 사이트나 공신력 있는 웹페이지에서 조사해 스스로 정보를 취합하면서 글을 썼다면, 이제는 AI 검색 엔진에 '수행평가로 쓰는 글인데, ~에 대하여 조건을 맞춰 분량에 맞는 글을 써줘'라고 적기만 하면 AI가 완벽한 제출물을 만들어준다. 그래서 수행평가를 진행하고 채점하는 교사 입장에서는 학생들이 쓰는 글의 개성이 사라지고 천편일률적인 과제물만 남았다고 느껴진다.

  하지만 앞서 말했듯이 인터넷이 없는 시대로 돌아갈 수 없는 것처럼 AI가 없는 시대로 돌아갈 수도 없다. 그러므로 바뀌어야 할 것은 우리 자신이다. 학생들에게도 늘 하는 말이지만, 생각하는 것까지 AI에 맡겨서면 안 된다. AI는 인류를 도와주는 도구일 뿐, 직접 생각하고 발전하는 것은 인간이어야 한다. 그래서 AI 검색 엔진으로 얻은 결과를 의심 없이 믿고 따르기보다는, 자신이 탐구하고자 하는 것의 자료가 어디에 있는지, 그 자료가 공신력 있는지, 그리고 자신이 해석한 번역이 맞는지 교차 검증의 역할로만 사용해야 한다. 언제나 말하지만, 생각하고 창조하는 것은 인간이어야 한다.

내 선배들과 선생님들에게는 내가 탐구한 결과물도 인터넷 세상의 도움을 받은, 탐탁하지 않은 것으로 보일 수 있다. 하지만 글을 쓰면서 사물에 대해 갖게 된 호기심, 글을 전개하는 생각들은 모두 나, 인간이 만든 것이라고 자부할 수 있다. 인터넷과 AI라는 유용한 도구가 생긴 만큼 이것을 이용하고 활용해 더 많은 것에 접근하고, 더 깊이 학습하고, 스스로 생각하고, 좋은 결과물로 이어지기를 기대한다. 그렇게 인류는 진화해왔으며 더 진화할 것이다. 세상에 당연하게 주어진 것은 없으며, 당연한 것은 진화의 산물이다. 그리고 당연한 것을 당연하지 않게 바라보는 시각이 이전과 다른 세상을 만든다.

────── 당연하지만 당연하지 않은 것들 ──────

인격적으로 점잖은 무게 '드레'

드레북스는 가치를 존중하고 책의 품격을 생각합니다